新型职业农民互联网创业发展研究

张之峰　著

中国原子能出版社

图书在版编目（CIP）数据

新型职业农民互联网创业发展研究 / 张之峰著． --
北京 ： 中国原子能出版社， 2022.7
ISBN 978-7-5221-2041-6

Ⅰ．①新… Ⅱ．①张… Ⅲ．①互联网络－应用－农民
－创业－研究－中国 Ⅳ．① F323.6-39

中国版本图书馆 CIP 数据核字（2022）第 138760 号

新型职业农民互联网创业发展研究

出版发行	中国原子能出版社（北京市海淀区阜成路 43 号　100048）
责任编辑	杨晓宇
责任印刷	赵　明
印　　刷	北京天恒嘉业印刷有限公司
经　　销	全国新华书店
开　　本	787mm×1092mm　　　1/16
印　　张	10.75
字　　数	205 千字
版　　次	2022 年 7 月第 1 版
印　　次	2022 年 7 月第 1 次印刷
标准书号	ISBN 978-7-5221-2041-6　　　　定　价 72.00 元

网　址：http//www.aep.com.cn　　　　E-mail: atomep123@126.com
发行电话：010-68452845　　　　　　版权所有　翻印必究

前　言

新型职业农民能够进行高效的生产并合理地利用资源，有利于确保国家的农业粮食安全，还有助于改造传统农业，提升农业人力资源素质和农产品技术含量，提高农业综合效益和竞争力，推动农业现代化和新型城镇化的发展，助力乡村振兴战略的实施。而新型职业农民互联网创业的发展已经成为脱贫攻坚与农业产业融合的必要途径。全新的创业模式吸引着更多的年轻创业者，创业环境更加公平、创业平台更加广阔、风险投资也更加活跃，使得互联网行业逐步成为新一代创新创业的核心阵地，也成为众多拥有创业梦想的新型职业农民的首要选择。

全书共五章。第一章为现代农业发展与农民职业化，分别介绍了现代农业概述、现代农业发展、"互联网＋农业"模式的发展、农民身份转变和农民职业化这几方面内容；第二章为新型职业农民，分别介绍了新型职业农民概述、新型职业农民培育和新型职业农民素质这几方面内容；第三章为新型职业农民互联网创业发展，分别介绍了新型职业农民互联网创业理论研究、新型职业农民互联网创业现状和困境、新型职业农民互联网创业优化路径和新型职业农民互联网创业素养这几方面内容；第四章为新型职业农民互联网创业实践探索，分别介绍了新型职业农民的互联网创业机遇、新型职业农民互联网创业模式和项目实施以及农村电子商务这几方面内容；第五章为新型职业农民互联网创业典型案例，分别介绍了"云养猪"案例、"互联网＋基地＋用户"打造放心生鲜供应链和杞农云商"互联网＋"特色农产品这几方面内容。

在撰写本书的过程中，作者得到了许多专家学者的帮助和指导，参考了大量的学术文献，在此表示真诚的感谢。全书内容系统全面，论述条理清晰、深入浅出，但由于作者水平有限，书中难免会有不足之处，希望广大读者批评指正。

目 录

第一章　现代农业发展与农民职业化

现代农业发展关系到国计民生、农业文明、经济发展、社会稳定等方方面面，其发展的重要性不言而喻，我国各省、市、自治区对现代农业发展都非常重视，想尽一切办法来发展现代农业，现代农业也得到了大力发展。本章主要论述了现代农业发展与农民职业化，分别从现代农业概述、现代农业发展、"互联网＋农业"模式的发展、农民身份转变和农民职业化这几方面进行详细介绍。

第一节　现代农业概述

一、现代农业的形成

现代农业是相对于原始农业、传统农业而言的一种农业形态或农业阶段。由于现代农业涉及的内容十分广泛，因而不同学者从不同的角度对其进行了不同的定义。

卢良恕指出，现代农业是继原始农业、传统农业之后农业发展的一个新阶段，它以商品化为特征、以科学化为核心、以集约化为方向、以产业化为目标。石元春认为，现代农业的概念是动态的。也有人认为，现代农业在时间上没有确定的外延，在空间上也没有确定的内容，只是一个特定的俗语。柯炳生则将现代农业简单理解为通过高投入追求高产出的农业产业。张晓山认为，现代农业是处于一个时期和一定范围内具有现代先进水平的农业形态。刘振帮认为，现代农业以资本和技术要素为主导，劳动生产率高是其重要特征。孔祥智、李圣军把现代农业定义为充分利用现代的生产要素的农业。梁志刚认为，现代农业是从传统农业发展而来的，是技术由传统转变为现代、经济由封闭转变为开放、生态由原始转变为强控的过程。

从农业的发展历史上看，农业生产分为原始农业、传统农业和现代农业三个阶段，现代农业是农业发展的一个崭新的阶段。其一般的定义是：利用现代工业力量装备,以现代科学技术武装,通过现代管理理论和方法经营,使得生产效率达到现代世界先进水平,对农业进行规模化、集约化、市场化和农场化,并以利益机制为联结,以企业为龙头,实行企业化管理、产供销一体化经营的农业。现代农业的核心是科学化,特征是商品化,方向是集约化,目标是产业化。

这些学者从某一方面定义的现代农业都具有一定道理,反映了现代农业的本质特征,归纳起来即现代农业从时点上看是一种农业形态、从时间段上看是农业发展的一个新阶段,它是以先进的科学技术和装备为支撑,按市场规则运行,实行集约化生产,提高劳动生产率,发展可持续的农业产业形态和产业体系。

二、现代农业的内涵

现代农业的内涵很丰富,可以从多个角度来分析,下面主要从现代农业的界定和现代农业的特征两个角度来剖析。

(一)现代农业的界定

要界定清楚现代农业,必然涉及与之关联的现代农业发展及其相互之间的关系。

现代农业是指运用现代发展理念、现代科学技术、现代物质条件、现代经营形式和管理方式,实现以农业为基础,由农业纵向、横向功能拓展而成的一二三产业融合发展的产业体系。它是以市场为导向,利用资源、优化配置而形成的高产、优质、高效、生态、安全的农业形态;它是由传统农业从量变到质变后的新农业,是农业发展的新阶段。

现代农业发展也就是我们常说的农业现代化,是指运用现代发展理念、现代科学技术、现代物质条件、现代经营形式和管理方式,不断改造传统农业,实现农业经营现代化、农业结构优质化、农产品品质化和农产品流通顺畅化的过程。可见,现代农业发展是实现和发展现代农业的过程。

现代农业是广泛应用现代科学技术的科学化农业,借助传统经验转为依靠科学生产、将粗放型农业变为科学化的农业,农业与物联网结合发展成为智慧农业。现代农业发展更重视农业的智能化、自动化管理。现代农业的形成与发展,会对传统农业进行改进,促进农业更好、更有效率地发展,并推动农村的现代化转型。现代农业发展主要着眼于科学化、产业化,通过运用现代科学技术与装备,结合现代管理方法,形成农产品的高效供给和产销一体化,通过集约化生产促进农业可持续发展。现代农业的发展对于农业、农村、农民来说都能带来益处。

（二）现代农业的特征

1. 现代农业是涉及多个领域的大农业

现代农业是一个突破传统农业单一生产而拓展到观光、休闲、教育、文化、生态等方面的大农业。它是一个以农业为基础，集生产、加工、销售、服务为一体，涉及农业、工业、商业、服务业、金融业等多个行业的大农业；是一个农业功能不断拓展、农业产业链条不断延伸、农业服务半径不断扩大的多元化大农业。

2. 现代农业是技术密集型农业

新经济技术条件下的信息技术、生物技术、物联网技术等的迅速发展并运用于农业领域，必然会引起农业的聚变与新生。当今传统农业的不断蜕变和农业新业态的不断涌现，以及农业生产经营日益科学化、农产品营销日益智慧化和农产品消费日益个性化，正是各种新兴技术在农业领域不断渗透的显现，这些都表明现代农业是技术密集型农业，农业现代化要依赖于农业科技化。

3. 现代农业是发达的商品农业

现代农业是高产、优质、高效的农业，而要实现农业的高产、优质和高效，依赖于有效的经济体制、资源配置方式和利益刺激机制的建立。市场经济体制是立足市场需求来配置资源、按要素贡献大小来分配利益的，因此，市场经济体制能大大调动农业经营者的积极性，激发农业经营者为实现农业经营的高产、优质、高效目标而不断优化配置各种资源，不断创新各种经营模式，不断拓展各种业态，进而使现代农业成为发达的商品农业。

4. 现代农业是可持续发展产业

农业上千年的发展史足以证明其本身是可持续发展的产业。而在现代农业中，要充分发挥农业区域生态环境良好的优势，即大力发展有机农业、生态农业、绿色农业，以促进资源的再利用，实现区域生态的良性循环。

现代农业的可持续发展，一是依赖于农业结构优质化。根据资源禀赋状况和市场需求状况，与时俱进地调整和优化农业产业结构、农业生产结构和农业产品结构，才能实现供求平衡。二是依赖于农产品品质化。打造农产品品牌是适应人们生存质量、生活质量和健康水平日益提高的必然要求。三是依赖于农产品流通顺畅化。通过建立完善的农产品流通服务体系，把有安全有品质的农产品顺畅地送至消费者手中是农业可持续发展的关键环节。四是依赖于农业的生态化。农业发展对自然依赖性强，在发展现代农业的过程中要注意自然环境的保护和自然资源的可持续开发利用。

5. 现代农业产业体系日臻完善

完善的产业体系是现代农业发展的重要标志。与现代生产手段、生产技术相适应，农业发展突破了传统的"产加销"脱节、部门相互割裂、城乡界限明显等局限性，普遍通过农业公司、农业合作社带农户（家庭农场）等生产组织形式，使农产品的生产、加工、销售等各环节走向一体化，使农业与工业、商业、金融业、科技等领域相互融合，使城乡经济社会协调发展，从而使得农业产业链条大大延伸、农产品市场半径大为拓展，逐步形成农业专业化生产、企业化经营、社会化服务的格局。

现代农业实现了种养加、产供销、贸工农一体化的农业生产，农工商结合得更加紧密；实现了城乡经济社会一体化的发展；实现了农产品区域优势布局、农产品贸易国内外流通的完善产业体系，将生产前期、中期、后期有机联系在一起。

6. 农业生态环境受到重视

注重农业经济与生态环境的协调发展，是现代农业发展的基本趋势。现代农业以化学物质的使用和能源（主要是石油）的大量消耗为开端，其发展虽然取得了巨大成就，但也带来了资源破坏、环境污染等突出问题。近年来，世界各国在现代农业发展中更加注重生态环境的治理与保护，重视土、肥、水、药和动力等生产资源投入的节约和使用的高效化，在应用自然科学新成果的基础上探索出有机农业、生态农业等农业发展模式。

7. 现代农业科学技术的应用

现代农业注重运用先进的农业科学技术和生物技术，采用适用的生产模式，以降低生产成本，提高农产品质量，促使农产品向多样化、优质化、标准化方向发展。现代农业的发展过程是传统农业与现代科学技术相结合的过程：既是将先进科学技术运用于农业领域的过程，也是用现代科学技术改造传统农业、发展传统农业的过程。

8. 现代农业管理方式的现代化

现代农业要求引进先进的经营管理方式、管理技术，打造相对完整、联系密切、衔接有序的产业链条，贯穿农业生产的前期、中期和后期，提高农业生产的组织化程度。现代农业还具有较为稳定高效的农产品加工转型和分销渠道以及高效的现代农业管理体系。

9. 农民素质的现代化

现代农业的典型特征和现代农业建设的前置条件是拥有较高素质的农业经营管理人才和劳动力。农民是农业的主体，是发展农业的关键所在，所以要提高农民素质，其包括科技素质和人文素养。

在世界农业发展进程中，现代农业无论是在农业生产力发展还是在农业生产关系调整方面，都展示了渐进演变的历史过程，体现了现代农业的历史性；无论是在生产手段、生产技术还是在生产经营的组织管理方面都实现了整体进步，体现了现代农业的综合性；无论是在发展目标定位还是在基本路径选择方面，都反映了世界各国农业发展的趋势，体现了现代农业的世界性。正确认识和把握这些特点与规律，对加快现代农业建设具有重要的现实意义。

三、现代农业的基本类型

（一）绿色农业

绿色农业是指在先进管理理念的指导下，采用先进的科技和设备，以促进农产品安全、生态安全、资源安全和提高农业综合经济效益的协调统一为目标，通过倡导农产品标准化，促使农业向规范标准、持续安全、全面高效的方向发展，是促进社会和经济全面、协调、可持续发展的农业发展模式，是环境友好型农业。绿色农业既不等同于传统农业，也不是对生态农业、有机农业、自然农业等其他类农业的否定，而是弥补各类农业种种缺陷，扬长避短、内涵丰富的一种新型农业。

有关绿色农业的探讨，可以说是经历了从传统绿色农业向现代绿色农业的观念转换。20世纪80年代，传统绿色农业的概念被提出，主要是指以太阳光为直接能源，利用绿色植物通过光合作用生产人类生活所需的食物、动物饲料和工业原料等。但随着环境污染、生态恶化的加剧，传统绿色农业亟须转换发展思路，走出一条符合自然规律的科学发展之路。这样，现代绿色农业的理念逐渐受到关注。它既注重保持自然生态平衡和保护自然资源，又强调人类健康而富有生产成果的生活权利，更强调当代人与后代人的机会平等。从绿色食品发展要求的角度出发，绿色农业是指从事在无污染的水、气、土、热等自然环境下投入无公害的原材料，采用与自然和谐的现代科学技术手段，生产有益于人类健康的农产品产业。

（二）物理农业

物理农业，顾名思义，就是将物理技术运用于农业生产的一种农业模式，属于环境调控型农业。通过利用具有生物效应的物理因子操控动植物的生长发育及生活环境，推动传统农业逐步摆脱自然条件的限制，不再依赖农药、化肥等化学品，最终收获优质高产、无公害的农产品。物理农业的产业性质是由物理植保技术、物理增产技术所能拉动的机械电子建材等产业以及它能为社会提供食品的安全的源头农产品两个方面决定的。物理农业要求技术、设备、动植物三者紧密联系，是一个新的生产技术体系，投入与产出成正比。

（三）休闲农业

休闲农业是一种新兴的农业形式。在休闲农业区，游客可以欣赏美景、采摘果实、留宿度假、体验农事活动、感受农耕文化。休闲农业的基础理念是深度挖掘农业资源潜力，对农村设备与空间、农业生产场地与人文资源等进行整合、规划和设计，发挥农业与农村休闲旅游的作用，调整农业结构，提升农业效益和农民收入，最终带动农村的发展。统计显示，2015 年全国休闲农业和乡村旅游客流量突破 22 亿人次，从业人员 790 万人，其中农民从业人员 630 万人，营业收入超过 4400 亿元，550 万户农民受益。

（四）观光农业

观光农业和休闲农业实际上都是舶来词，含义相同。与此相关的名称包括观光休闲农业、体验农业、观赏农业、旅游生态农业。观光农业是把旅游观光同农业结合起来的一种农业形式，建设成本较低、内容丰富、极具吸引力。农民或企业结合当地的地形地貌气候类型，打造独特的农业观光园，进而吸引游客、增加当地收入。值得一提的是，有些国家还将此作为农业综合发展的一大举措。

（五）工厂化农业

工厂化农业是综合运用现代高科技、新设备结合现代管理方法而发展起来的一种全面机械化、自动化，技术（资金）高度密集型生产的农业类型。它能够在人工创造的环境中实现全天候、反季节的大规模生产，进而摆脱自然条件的束缚。

（六）特色农业

特色农业就是将区域内独特的农业资源转化为特色商品以及开发区域内特有的名优产品的现代农业。其特征在于运用传统工艺、结合自然条件创新技术而开发产品，使得产品独树一帜、和而不同，广受消费者的青睐。特色产品可作为本地的象征、标志性产品，在外地市场上具有绝对优势。

（七）立体农业

立体农业重在开发、利用垂直空间资源，将种植业、水产业、畜牧业等有机结合起来，因此也被称为层状农业。基塘农业就是典型的立体农业模式，具有高效利用资源、保持水土生产力、保证环境和产品安全的特点。

（八）订单农业

订单农业也被称为合同农业、契约农业。它自1990年以后兴起，是一种新型农业生产经营模式。农户根据其自身或所在的乡村组织与农产品购买者之间所签订的订单，组织安排农产品生产。订单农业先找市场后生产，以需定量，避免了盲目生产，是农业发展的一大进步。

（九）都市农业

都市农业的概念在20世纪60年代左右被提出，它是以城市为依托、服务于城市、适应城市发展要求、纳入城市建设发展战略和发展规划的农业，这一点与城郊农业相似。但二者之间还存在差异，城郊农业主要以满足城市商品性消费需要为主，发展水平不高，位于城市周边地区。而都市农业要满足城市多方面的需求，是多功能性农业，特别是以生产、生活及生态性功能为主，发展水平较高，可位于市区近郊或市区内部。

（十）数字农业

数字农业是指将高新技术与基础学科有机结合起来，在农业生产过程中对农作物、土壤进行从宏观到微观的实时监测，以便定期获取有关农作物的生长发育、病虫害、水肥状况，形成动态空间信息系统，模拟农业生产中的现象和过程，实现农业资源的合理利用，达到降低生产成本、改善生态环境、提高农作物产量和质量的目的。

推动现代农业建设是推动我国现代化建设的重要组成部分。有别于传统农业，现代农业不仅包括种植业和养殖业，还包括农业产前和产后的"大农业"，而且"大农业"还贯穿了第一产业、第二产业和第三产业。第一产业就是传统的种植业和养殖业；第二产业包括农产品加工业；第三产业包括以休闲农业为主的服务业，如近年来兴起的"农家乐"旅游、"观光农业"、"体验农业"等。

第二节　现代农业发展

一、我国现代农业的发展历程

我国对现代农业的认识是一个不断深化的过程。中华人民共和国成立后，在不同时期提出了建设现代农业的策略。在中华人民共和国成立初期，我国主要学习借鉴苏联模式，提出了初步实现农业现代化的目标，也就是实现农业机械化、水利化、化学化和电气化。20世纪70年代末至80年代初，亦即改革开放之初，我国再次提出基本实现农业现代化的目标和要求，即实现农业基础建设现代化、农业生产技术现代化和农业经营管理现代化以及建立农业经济运行机制和体制。

20世纪90年代以来，在稳定家庭联产承包经营责任制的基础上，提出了发展高产、高效、优质即"两高一优"的农业，大力推进农业产业化经营，促进生产标准化、经营企业化、服务社会化，由此现代农业建设迈出了实质性的步伐。进入21世纪，2002年党的十六大报告将"统筹城乡经济社会发展，建设现代农业"作为我国全面建设小康社会的一项重要战略任务提出。2005年《中共中央关于制定国民经济和社会发展第十一个五年规划的建议》中强调，要积极推进现代农业建设。2006年，中央农村工作会议又指出，新农村建设的主要目标是生产发展，生产发展的方向是建设现代农业，推进新农村建设的首要任务是建设现代农业，而将现代农业建设作为现阶段农业和农村经济发展的重要过程贯穿新农村建设的始终。2007年，《中共中央国务院关于积极发展现代农业扎实推进社会主义新农村建设的若干意见》中以现代农业作为文件的核心内容，提出现代农业的要求是高产、优质、高效、生态、安全，发展路径是"六个用"，即用现代物质条件装备农业、用现代科学技术改造农业、用现代产业体系提升农业、用现代经营形式推进农业、用现代发展理念引领农业、用培养新型农民来发展农业，从而提高劳动生产率、土地产出率和资源利用率，重申了发展现代农业是社会主义新农村建设的首要任务，并对现代农业的建设从八个方面提出了详细具体的指导措施，以此作为现阶段我国现代农业建设的指导方针。至此，现代农业在我国被逐步系统化、组织化地建立起来。

二、现代农业发展的特点

（一）较高的综合生产率

现代农业有较高的农业产出率和农业劳动生产率，有利于促进农业的效益提升。综合生产率的提升有利于现代农业的发展，会带来农业产出的增加和农业生产效率的提升。较高的综合生产率是现代农业的一个典型特征。

（二）运用现代科学技术

现代科学技术是现代农业发展的基础之一，科技的发展能够持续促进现代农业的发展。现代农业的发展过程也是科技在农业产业不断推广应用的过程，是把传统农业用现代科技装备进行改进的过程。农业发展需要提升科技创新能力，以此推动现代农业的创新、高质量发展。现代农业的发展需要应用现代科学技术，现代科学技术的应用会带来现代农业的进一步发展。

（三）满足更多的功能诉求

现代农业不但像传统农业那样需要提供农产品，还需要关注农产品的供给质量，需要提供更好、更安全的农产品。此外，现代农业还具有文明传承、休闲旅游、生态环境保护等功能，能够起到增强人们文化内涵、进行文化教育、优化环境等作用。现代农业满足的功能诉求是多种类型的，通过现代农业的发展可以提高生产效率、加快产品销售、增强资源使用率，从而带来更多的农业发展效益，带动农业的进一步发展。现代农业通过多种技术满足多种功能诉求，以促进农业的更好发展。

三、现代农业发展过程中存在的问题

现代农业依托产业化经营，其发展受多种因素的影响。我国现代农业的发展方向是智能化、信息化，现代农业也注重生态环境的保护并体现旅游农业的发展，是多种形式的综合，注重与环境的和谐发展，也考虑到人们休闲度假的需要，所以现代农业发挥着巨大作用。我国现代农业在发展过程中还存在以下问题。

（一）农业发展技术水平不高

现代农业的主要特征是广泛应用现代科学技术，就我国农业发展的现状来看，农业技术的应用水平还需提高，农业经营方式需要向集约型转变，科技创新、转化的能力和效果亟须改善，农民对技术的投入还有待提升，这对实现现代农业的发展是有利的。就农业科技体系来看，推广体系有待健全，服务能力有待提升；就基础设施来看，农业生产设备的自动化程度仍需增强，设备的自动化能力仍需提升，因为农业的大规模生产还没有实现，不能满足现代农业的发展要求。从技术水平的应用来看，需要加强科学技术的应用，从而促进农业技术水平的提高。

（二）农民素质有待提升

农民素质提升有利于对农业技术的应用，农民能更好地利用技术促进农业发展。现代农业的特征之一就是对农民素质的更高要求，需要较高素质的农业经营管理人才，他们要能深刻理解现代农业发展内涵并会应用现代科学技术。我国农民文化素质的整体水平仍有待提升，农民文化素质不高会影响对新技术的接受程度，继而缺少应用技术的能力。在技术的应用方面，有时即便农民已经了解了新技术应用产生的有效成果，也可能会由于不会、不懂而导致技术不能得到使用。此外，还需要关注基层农业技术推广服务体系、提高基层农业技术推广服务水平。通过提升农民素质和基层农业技术服务水平，促进现代农业发展。

（三）农业产业结构有待完善，产业化水平有待提升

我国农业发展过程中，农业生产结构仍不完善。农业产业结构的不完善难以促进产业化水平的提升。例如，种植业内部结构中的经济作物的种植规模、质量还不大、不高，不能丰富农业生产形式，农作物种植优势不能得到很好的体现。农业产业化的发展需要提升农作物的种植质量，满足农业生产加工的需求。从农业生产方式来看，农业发展还不能满足现代农业的规模化特征，产业化水平不高，不能实现规模化经营，不能带来规模效益。产业化水平不高使得农业生产的专业性不强，减弱了依托龙头企业进行管理的能力，不利于现代农业的发展。

农产品加工业发展不发达，新型经营农业主体培育不到位，组织化程度低，农业社会化服务体系不健全，粗放经营普遍，规模经营有待加强，产品品牌数量多、知名品牌少等都是当前亟待解决的问题。

（四）农业供给侧问题突出

农业生产呈现小而全、多而杂的局面，缺乏统筹规划与特色定位，生产盲目性和随意性强，种植业、畜牧业、渔业产业结构尚不合理，种植业内部结构性矛盾显现，造成供需失衡，产品重复性高，规模效益不尽如人意，稳粮增效压力大，"粮经饲统筹"任务重，实现"农林牧渔结合""种养加一体""一三产业融合"发展的目标任重道远，实行农业供给侧结构性改革十分迫切。

（五）农民持续增收难度加大

在国际国内经济形势严峻的大环境下，农民工外出务工的就业形势及收入增速受到影响。另外，在农业生产成本增高、自然条件不确定性增大、市场风险加大和粮食难以持续大幅增产等因素影响下，农业生产面临着产品价格"天花板"

和生产成本"地板"的双重挤压，农民的经营性收入持续增长的不确定性增大。农民增收渠道较为单一，农民增收难度也日益加大。

（六）资源环境约束趋紧

粮食生产实现较快发展的同时，农业资源过度开发，耕地、水等非可再生资源量减少，土壤质量下降，地下水超采，为稳定农产品发展，化肥、农药、薄膜等投入品使用量直线激增，环境污染尤其是养殖业粪便、排泄物污染严重，再加上生态退化态势严重，环境与自然资源刚性约束加大。

从资源总量来说，我国的土地资源、水资源、森林资源储量都处于世界前列，但我国人口众多，所以我国人均资源量低，有时低于世界平均水平。随着我国工业产业的全面发展，工业占地面积扩张，土地资源与水资源占用量逐年增长。这使得农业用地和农业用水更加紧张，从而限制了现代农业的全面稳定发展。

（七）农业发展创新水平较低

创新驱动农业发展的动力机制尚未建立，物质装备相对陈旧，农业技术创新相对水平低下，集成示范相对程度分散，推广培训相对针对性不强，成果转化相对效益不佳，由此引发的技术装备陈旧、基础设施薄弱、食品质量安全、信息化建设滞后、"互联网＋"未引入农业领域等问题凸显。

（八）农业劳动力不足

进入"十四五"时期，我国城镇化建设将加速推进，农村劳动力外出务工或就近打工，将会有更多的农民市民化，农业成为农民的副业，而懂技术、会管理、有头脑的新型职业农民缺乏的状况将进一步加剧，这种变化带来的直接冲击是"谁来发展现代农业"。

要想进一步发展和建设农业，就必须有更高素质的劳动力作为支撑。但是，随着工业化和城市化进程的推进，越来越多综合素质较高的农村青年人到城市工作，大量农村居民也离开农村寻找更多的就业机会。城市化和信息化的发展，不仅使得农村在很大程度上减少了劳动力，也大大降低了农村人员的整体素质，不利于现代农业的进一步发展。

当下，我国农村劳动力文化水平总体而言仍然很低。显然，这些劳动力所具备的技术及综合素养不足以支撑和满足现代农业的更高要求。

（九）农业发展资金欠缺

相较于其他产业，农业产业的固定投资比重仍然偏低。而要想进一步发展现代农业，就需要加大这方面的资金投入，加强互联网相关基础设施建设，推广新的技术和装备。所以，加大农业资金投入是保障现代农业发展的基础。

（十）农产品标准化体系不完善

农产品的品类较多，因为消费者对农产品的了解不够，所以选择上就容易出现问题。另外，当农产品在互联网上销售时，什么可以卖、什么不可以卖，同类产品网上销售的包装标准是什么，以及农产品质量标准如何确定尚不明确。当下在发展现代农业经济背景下，农产品质量的标准体系尚未完全建立，农产品标准化体系还不够完善。

四、促进我国现代农业发展的对策

（一）提升现代农业的科学技术水平，加强农业基础设施建设

现代农业的发展需要结合科技的应用，在农业基础设施上也要提升自动化水平，从而提升农业生产效率。我国现代农业的发展，要着重发挥科学技术在促进农业发展中的作用，科研实力要继续持续增强，成果的转化效率与途径应持续扩展。为了提高农业发展的效率和资源的利用率，应运用现代科学技术和设备，提升农业生产的机械化水平，增强其信息化、生产自动化水平，从而进一步推动现代农业发展。

此外，还要加强农业基础设施建设，这包括农田水利设施的建设、农产品流通重点设施的建设等，强化农业基础设施建设，不断改进农业设施和设备，完善农业生产条件。通过农业科技水平的提升，加快现代农业的发展速度。近年来，农村信息化水平有了长足的进步，互联网进村入户已成为较为普遍的现象，但是限于诸多因素的影响，广大农村特别是偏远落后地区信息化基础设施建设仍较为薄弱，农业数据资源的利用率偏低，数据零散分割不成体系，信息化与农业的结合仍处于少部分群体、少部分土地的试验示范阶段。因此，地方政府要起到统筹规划、组织引领的重要作用，加强农业信息化建设，大力发展数字农业，推进数字乡村建设，使互联网、大数据、人工智能呈席卷之势而来，加快现代信息技术与农业全产业链的融合发展。与此同时，现代农业所要求的产销衔接、供需衔接，也对农村物流体系建设提出了挑战。因而，加快公路基础设施建设，实现公路网络全覆盖，进

而大力推进现代化物流体系建设，也是现代农业得以实现的基础和前提。

（二）加强对农民的培训、提升应用科学技术的能力

对农民科学技术水平提升方面的培训需要政府部门资金的支持，通过对技术培训的投入来增强农民的现代农业文化知识、经营管理知识，并帮助农民掌握相关的技能、技术，使其更好地进行现代农业生产。现代农业的发展需要农民参与，农民是生产技术的实践者。通过新型职业农民的培养，让农民既有文化知识，又懂农业技术，并能经营管理，以此适应现代农业发展的需要。此外，还要加快推进基层农业技术推广体制改革，重视农业科技园建设，从而发挥农业技术的示范效应。加强国家重点实验室、重点工程技术中心、重点学科等的建设，以更好地培养新型职业农民，进而发挥专业人才在农业技术应用中的作用，提升农业科技创新水平，加快农业科技成果的转化，推动我国农业发展。

（三）加快培育新型农业经营主体步伐

农业要发展，农村要振兴，需要多元主体共建共治，这其中，政府为主导，而广大农民是主体。长期以来，关于乡村社会发展的讨论中就一直有"输血"和"造血"之辩，以及"扶志"和"扶智"之策。同样，现代农业的实现，培育新型农业经营主体是重中之重、关键中的关键。从目前来看，尽管家家有网渐趋普遍，但是许多农户未能理解和把握现代信息技术对传统农业改造的作用，对其应用大多停留在对外交流、信息获取等生活层面。即使有部分乡村经济能人意识到互联网的重大价值，也进行了有益的探索和尝试，但多为千篇一律的"复制"和"粘贴"，只有其"表"，而难以触及其"里"。况且现代农业所强调的不是一隅或一域，而是全员性、整体性的推进，这就要求地方政府要加强对农民的思想引导、意识灌输和技术培训，使他们成长为"学习型农民"，能够娴熟地利用农村大数据库，并将其融于农业生产经营的全过程、全环节之中。

（四）完善农业产业结构，提升农业产业化水平

完善农业产业结构可以提升农业的发展质量，助力现代农业发展，而农业产业化水平的提升可以使农业生产更为完善，也可以提升规模经营水平。以种植业结构为例，调整农作物种植结构，种植优质农作物，优化农业产业结构，可以在农业生产过程中帮助提升种植质量，满足农业生产的需求。农业产业结构的优化可以带来农业资源的合理利用，使农业产业发展更加趋于完善。农业产业化经营具有规模化等特征，可促进规模经营推广，增强带动生产的能力。提升农业产业

化水平可以助力农产品的生产，使其更好地满足市场需求。农业产业化水平的提升有多种形式，可以通过农业龙头企业的带动，与农户相互结合，进行农产品生产，从而更好地满足市场需求，促进农产品的销售，带动农户收益的增加，调动农户的积极性，助力农业产业发展。

（五）扩大土地集约化和规模化经营范围

传统农业的弊病之一是各自为战的小农经营模式，导致生产效率不高，资源无法得到最优配置，进而也就难以实现规模经济。近年来，农户土地流转稳步有序推进，这既是改变农业生产方式、实现农业现代化的需要，也是实现农业产业化、规模化、集约化的基本前提。在土地流转的前提下，乡镇政府和基层组织要发挥引导与示范作用，通过"引进来"和"走出去"多措并举，吸引社会投资和优秀人才"下沉"到农村，鼓励建立农业合作社、村办集体企业等，立足于乡村实况打造兼具现代化技术和区域特色优势的现代农业。从这一角度讲，现代农业的推进，使得社会各界更加重视农业，把闲置甚至是撂荒的土地资源整合起来，为高效集约经营提供了可能，这也是传统农业破茧成蝶必须迈出的一步。

（六）推进农业全产业链一体化经营体系的构建

传统农业模式下农民的主要收入来自农作物种植，途径较为单一。近年来，一些地方实践经验表明，农村一二三产业融合所形成的农业全产业链，至少使农民增收达30%。农民也逐步获得了生产者、经营者、分红股东、公司雇员等多重身份，开辟了单纯依靠土地种植、家禽养殖之外的"第三空间"。不能否认，从目前来看，农业仍然是投资较大、收效较慢的产业，加之其先天的弱势性和弱质性，社会资本很难被积极主动"下沉"到农村场域。基于此，地方政府和基层工作人员要通过地缘、血缘等纽带积极吸引一批经济能人和技术人才返乡创业，打造一些有代表性的现代农业示范项目，聚焦农产品安全、生态休闲、农事体验、文化创意等农业的多功能性拓展，着力打造农业全产业链一体化经营模式。

（七）优化农业资源，制定科学的互联网农业发展规划

只有加强互联网在农业领域的应用，才能优化农业经济发展模式，利用互联网整合农业发展新优势。在现代农业发展过程中，工作人员需要坚持贯彻落实可持续发展观和科学发展观，从生产发展出发，制定具有针对性的农业发展规划，采取可行的发展措施，充分利用互联网与信息资源，详细了解当地农业生产环境，

对当地农产品进行科学有效的评价，从而进一步优化农业资源，使农业经济蓬勃发展。制定适合我国互联网农业发展的规划，形成稳妥推进模式，扶持地方龙头农业企业，带动小微农业企业，最终更好更快地形成农业经济持续高速稳定发展的新局面。

（八）转变生产经营方式

要实现从传统农业向现代农业的转变，关键是要转变生产经营方式，即从个体分散粗放经营向规模集约化经营转变。在这个转变过程中最关键的因素是人才需求，因为，再先进的技术和经营方式必须有人去掌握与使用。这就需要调动一切力量大力培育新型职业农民，培养一大批具有较高素质的农业实用人才和经营管理人才，从而为推进农业现代化发展提供充足的实用人才保障。这是解决"谁来种地、如何种好地"问题的根本途径，也是深化农村改革、构建新型农业经营体系、建设美丽乡村的重大举措。

新型职业农民就是有文化、懂技术、会经营的新型农民，他们是现代农业的经营主体。现代农业生产与经营体系包括从生产到流通、从经营到服务、从产前到产后，分工越来越细，专业领域也越来越多。传统农业是封闭或半封闭式的，以自给自足为主，仅以生产为主要环节。而现代农业是一个产业链，生产只是一个源头，当然很重要，但农产品收获、包装、物流、进入消费市场的各个环节，也不可或缺，而且完全产业化、标准化，即生产与消费互联互通、双向信息流动对称对接。

因此，现代农业的产业化特征决定了从事现代农业也是一个职业化的领域，新型职业农民可以集中于农业生产经营的某一个领域或环节，开展专业化的生产经营活动，这些经营活动类型包括生产经营型、专业技能型和社会服务型，如生产经营型中的种植大户、养殖大户、加工大户、农机大户；专业技能型中的农机手、植保员、防疫员、沼气工、水利员、信息员、园艺工等；社会服务型中的农民经纪人、农民专业合作社负责人、农业产业化优秀企业带头人等。新型职业农民是未来现代农业建设的根本支撑，培育新型职业农民，就是通过农民的职业化实现其转变为专业的农业生产者、经营者，从而实现农民身份的多种转变，使他们真正成为未来农业生产的主力军。

五、现代农业发展的趋势

众所周知，农村、农业、农民问题历来受到党和国家的高度重视。党的十八大报告，就着力强调了城乡发展一体化。在党的十八大之后的历年中央农村工作会议中，习近平总书记多次做出重要指示，他曾经强调，"十三五"时期，必须坚持把解决好"三农"问题作为全党工作的重中之重，党的十九大报告又提出了"乡村振兴战略"。

（一）进行农业供给侧改革

进入 21 世纪，我国农业农村的发展不断迈上新台阶，但在国内外新的经济形势下，农业农村的发展也面临着诸如产品供求结构失衡、要素配置不合理、资源环境压力大、农业人力资源匮乏等新问题。2017 年，《中共中央国务院关于深入推进农业供给侧结构性改革加快培育农业农村发展新动能的若干意见》指出，当前我国农业的主要矛盾是阶段性供过于求和供给不足并存的结构性矛盾，矛盾的主要方面在供给侧。那么，农业供给侧改革到底改什么呢，详述如下。

1. 改革农业结构

这是农业供给侧结构性改革的核心，具体分为生产要素结构、产业结构和供给主体结构。首先，生产要素结构改革，就是要从过去量的增加转变为现在质的提升，提高单位要素投入的产出效益，从而实现生产要素的科学配置和利用。其次，产业结构改革，就是要调整种植结构，构建"粮经饲"协调发展的三元种植结构，优化经济作物品种和品质；发展规模高效养殖业，培育国产优质品牌；实施优势特色农业提质增效计划，提升传统名优品牌，打造特色品牌；科学合理规划农业区域布局；全面提升农产品安全质量；大力培育新型农业经营主体和服务主体，引导规模经营健康发展；利用"一带一路"平台，推动优质农产品"走出去"。最后，供给主体结构改革，就是真正地由市场来进行引导，从而使农产品的供给能够满足高品质、多样化的需求和变化。

2. 改革农业发展方式

此项改革的关键是改变过去以牺牲环境和过度消耗资源为代价的农业发展方式，将其转变为发展绿色农业、加快农业生态工程建设、提高农业可持续发展能力的现代新型农业发展方式。

3. 强化科技创新在农业发展中的驱动作用

创新是供给侧改革中绕不开的一个词，农业供给侧改革同样离不开创新，因此，我国农业的转方式和调结构，必须通过完善国家农业科技创新体系，推进现代化农业产业技术体系，加强农业科学技术推广和科研技术开发等方式来实现，逐步建立起面向国内外市场的农业技术研发、成果转化和产业孵化为一体的新型现代化农业发展体系。

4.改革农业人力资源结构

任何改革的实施，始终都离不开"人"的作用。作为农业发展的主体，农民始终是农业改革的关键。当前我国农村的现状是，大量青壮年劳动力外出务工，"留守老人""留守儿童"成为反映当今我国农村现象的代名词，多数农村农业呈现的是"老弱妇孺农业"。因此，解决好农业人力资源匮乏问题是进行农业供给侧改革的关键所在。2012年中共中央、国务院印发《关于加快推进农业科技创新持续增强农产品供给保障能力的若干意见》首次提出"大力培育新型职业农民"。2017年的《中共中央国务院关于深入推进农业供给侧结构性改革加快培育农业农村发展新动能的若干意见》再次强调了开发农村人力资源的重要性。该文件要求：重点围绕新型职业农民培育、农民工职业技能提升，优化农业从业者结构……培养适应现代农业发展需要的新农民。因此，要搞好农业供给侧改革，就必须培养一大批具有科学文化素质、掌握现代农业生产技能、具备一定经营管理能力、以农业生产经营和服务为职业的新型农业从业人员。

（二）实现"互联网＋农业经济"的可持续发展

"互联网＋"是指在信息时代和知识社会的创新形态推动下，由互联网推动和发展起来的一种新业态。"互联网＋"的传统农业产业，要求在"互联网＋"的实际应用中必须充分利用各种信息技术、通信技术和互联网平台的技术优势和平台优势，进而实现互联网产业与传统农业产业间的深度融合、共同发展，确保在双方融合的基础上，进一步推动传统产业发展，并形成新的产业生态模式，改善传统产业在实际发展过程中暴露的问题和难点。"互联网＋"的时代背景下，传统农业可以实现各种产业资源的变现，进一步推动传统农业现代化，进一步助力农民创业和发展。农业经济利用"互联网＋"的必要性有以下几方面。

一是实现农业产业化、农业经济可持续发展的必然要求。随着互联网技术在各个领域的广泛应用，农业经济发展与网络化、信息化紧密结合是大势所趋，依靠互联网技术加快农业经济信息化建设是现代化农业可持续发展的关键环节。各级政府非常重视农业经济的基础地位及发展方向，强化农业经济发展的信息化、网络化建设，提升农业经济的综合生产经营服务能力，并借助"互联网＋农业"建设的机会，推动农业经济各方面建设与互联网技术有效衔接。

"简政放权、放管结合、优化服务，到大众创业、万众创新，再到'互联网＋'，这是一脉相承的"。这些政策措施落到实处，将会培育我国农业经济增长新动能，打造我国未来经济增长新引擎。"互联网＋农业"模式是实现农业产业化的必然趋势。各级政府机构结合本地实际情况，出台了很多适应当前形势的农业经济发展政策，特别是中央每年都会出台巩固和提高农业经济可持续发展的政策，推动农业经济沿着健康良性的发展轨道发展。在市场经济时代，农业经济信息化、产业化的发展必须以市场为导向，让市场起基础性作用，达到合理配置资源的目的，让各方面的有价值的资源、信息整合、优化。

二是合理利用好互联网技术，促进传统农业向知识型农业、智慧型农业发展。知识型农业是以科学技术、信息技术等经济要素为基础的现代农业。现代农业经济的平稳较快发展，取决于现代科技及互联网信息技术的获取和运用程度。技术、信息、管理、品牌、质量、认证、标准化等要素成为农业经济增长和农产品市场竞争力的核心要素。知识型农业主要以科技进步、生物工程等高新技术为基础，农业经济的进一步发展，需要全方位综合考虑我国现阶段农业的经营方式和特点，结合成本、收益、风险等一系列因素，把农业发展的各个阶段和"互联网＋"的理念有效结合起来，借鉴西方发达国家成功的智慧型农业典型，借助现有的科技成果、新技术、新产品等对传统农业各部门的相关要素进行整合，重构农业经济产业链价值体系。例如，延长农业产业链长度，增加农业产业链的宽度、深度、广度、厚度等，培育农业产业全新体系，构建循环、良性、可持续的农业经济链，可以先行以龙头企业、示范合作社等作为试点循序渐进地推进农业现代化。

三是利用好"互联网＋"技术高效地促进农村一二三产业的融合发展，并有针对性地促进农业结构调整。根据农业现代化的主攻方向，大力提高农业生产经营智能化、机械化、规模化、信息化水平，深入推进农业供给侧结构改革，深入推进"互联网＋"农业，促进一二三产业融合发展。农业产业结构调整，就要调优、调强；就需要农业结构规模化、机械化、现代化；就要用现代化模式发展新兴产业、新材料行业。从生产、营销、售后、服务、金融支持等环节改变农业结构，加强农业资源和信息的及时交流与共享，政府搭建融合发展和结构调整对接平台，让农业结构调整符合市场，也更符合农业参与者的预期。

这就必须让广大农民掌握足够的、准确的、及时的市场信息，让市场信息快速反作用于农业的一二三产业融合和农业结构调整中，让农业结构调整及时与第二、第三产业的发展紧密连接在一起，农业结构调整因互联网将农业经济与互联网巨头阿里巴巴、腾讯、百度、京东等联结而焕发活力。农业参与者看到前途一片光明，会为了经济效益而及时做出正确的调整部署决策，适时地对接并解决发展中存在的问题，从而推动"互联网+"现代农业新业态、新模式健康发展。如果没有互联网技术，就不能准确及时地收集市场信息，而不愿因市场本身存在的风险进行农业结构调整，就难以促进农业经济又快又好地发展。农业结构适时调整，并主动链接第二、第三产业融合发展，是时代的必然，是大势所趋，所以必须从政策层面予以支持，加强理论研究、理论指导实践，对农业结构调整中发现的新问题、新动向及时地反馈，并予以解决，对改革转型中出现的一系列问题，要建立一套完整的"互联网+"农业发展评价指标体系，对"互联网+"农业经济的健康可持续发展做出公正的、理性的、公允的判断。

四是利用好"互联网+"资源信息整合优势，降低生产经营流通环节的成本，提升产品质量，防范风险，提高农业经济效益。通过互联网技术快速整合有价值的资源和信息，如市场供求信息、科技信息、气象信息、政策信息、管理信息等，并将其分门别类，整合划分为生产的、技术的、价格的、生产资料的信息等；通过应用资源平台，各地互通有无，发现价格优势、产品优势、数量及质量优势；通过应用信息平台，及时收集各方面生产、流通信息，缩减成本，提高经济效益价值信息获取成本，做到降成本增效益。做好"互联网+"资源+信息整合优势，必须抓重点、抓关键环节，攻克农业经济发展生产阶段自动化、智能化、集约化的市场信息技术和服务信息技术，让资源及信息及时应用。立足本地实际，针对农业经济发展过程中出现的新问题、新情况、新变化及时调整工作思路，适应瞬息万变的网络经济新时代。

第三节　"互联网+农业"模式的发展

一、互联网对农业发展的影响

（一）互联网对"三农"产业的影响

1. 互联网有效降低了农业生产成本

影响农业发展的因素很多，其中农业信息因素尤为重要。农业信息包含国家最新的政策补贴、农产品技术的更新、市场的供给和需求的变化以及天气和气候的预测更新等。互联网在农村的普及应用使得信息传递更加便捷，新型职业农民通过手机、计算机等能很容易地获得与农业相关的信息，更加科学合理地安排农业生产，也能通过互联网得到社会企业在生产、生活和市场供求等方面的信息。除此之外，农村地区还设置了很多网络驻点，免费透明地为农民提供公共信息，在网络驻点公布的网页上，有各种价格的展示，如种子、作物和化肥等的价格，这些都是互联网在农村的应用成果。

2. 互联网拓宽了销售渠道，增加了农民收入

党的十九大之后，我国提出了"互联网+"精准扶贫，希望能够利用互联网将农村经济发展带动起来。互联网时代，农民有了更宽广的生产和销售渠道，电商也更加重视农村市场，城市的网购模式逐渐延伸到了农村，如京东的"家电下乡"、阿里巴巴的"农村淘宝"等电商形式，将乡村作为商业供应链的一环，向农村居民提供质优价廉的生活用品，同时也帮助农村居民将生产的农作物放在网络上出售，从而吸引了大批城市消费者的注意，极大拓宽了农村居民产品的销售渠道、提升了销售数量。同时，许多大学生看准了互联网对农村经济发展的重要促进作用，积极开发特色网页，代理当地的农产品，凭借专业知识帮助当地居民增加农副产品销售收入。

3. 互联网使得农村区域差距进一步拉大

互联网在基础设施完善的农村呈现出了极大的优势，为农业的发展提供了机遇，拓宽了销售渠道，促进了电商经济发展，树立了农村品牌，吸引了大批的消费者。但是基础设施不完善的农村则很难迅速抓住互联网发展机遇，因为当地网络建设和技术运营人才欠缺，没有实力进行互联网生产种植，农产品营销受阻，使得互联网的作用较难发挥。

（二）互联网促进农业技术推广

1. 推动农业生产力的发展

随着农业经济的发展，农业机械业已成为现代化农业发展的重要标识。我国耕地面积有限，生产力发展水平总体较低，随着人们对农副产品需求的加大，农业机械业发展也成为顺应时代社会潮流的一种趋势。我国在农业方面实施精耕细作的生产方式，使得土地亩产量取得了重大突破。将互联网应用到农业技术推广工作中，推动我国农民群众农业生产方式整体技术的不断提高，从而有效地提高土地产量、减少农民的工作时间和劳动强度，对提高我国农业生产力有重要的意义。

2. 提高农业技术推广效率

我国的农业技术推广大多是通过技术人员和广大农民群众面对面交流来实现

的，这种农业技术推广方式的速度比较慢，实施效率也比较低，而且实施起来也比较困难。将互联网引入农业技术推广工作中，让更多的技术人员在网络上搜集不同的农业技术，促使更多的农民群众可以足不出户就能学习更多的农业技术，在此过程中，农业技术能够得到更快速、更高效的全面推广。

3. 丰富交流平台，扩大农业技术推广范围

受传统农业技术的影响，在新时期背景下，农业技术推广还存在一定的问题，因为相应的农业技术数据收集速度比较慢，相关的推广人员所获得的数据信息不具备相应的时效性，在一定程度上会限制农业技术推广工作的顺利进行。对此，相关的农业技术推广人员需要使用互联网技术，不断丰富信息交流平台，通过网络信息交流平台，与更多的农民群众实时交流，了解与农业生产和农业市场相关的数据信息，扩大农业技术推广范围。除此之外，也要借助互联网平台，实施技术交流，有效地推动跨区域农业技术的应用。

（三）互联网促进智慧农业的发展

1. 智慧农业的内涵

智慧农业的核心是智慧生产，智慧农业将农业生产、管理、经营、销售及服务集约化，形成无缝衔接、相互融合的通路，能够提升农业生产管理的效益。在智慧农业发展模式下，可以实现农业的信息化、自动化、高效化，从而全面转变和改善农业生产思维、方式和结构，推动农业经济的转型升级。通常而言，智慧农业需要融合无线感应技术、无线传输技术、无线控制技术，让农业生产实现可视化、自动化、精细化管理。目前，随着"互联网+"技术的发展，农业经济不断发展，该技术已经有效渗透到农业生产领域，与传统农业进行了有效合作，并形成了日益完善的智慧农业发展体系，形成了良好的农业发展态势。

2. 智慧农业发展的主要措施

（1）整合建设资金，夯实智慧农业发展基础

在智慧农业的发展中，基础建设至关重要，也是推动智慧农业快速布局的关键所在。一方面，由政府作为引导机构，加大与通信商和农村地区的协调沟通，鼓励和引导通信运营商与农业接轨，推出有益于智慧农业发展的优惠套餐，以及适应于智慧农业的终端产品。同时，政府也要关注农业产业发展格局，加强顶层设计与日常引导，构建有效的农业生产综合管理平台，改变传统农业的粗放型发展模式，使传统农业逐步向集约化、智能化的产业路线迈进。另一方面，注重基础领域发展投入，即在智慧农业发展过程中，应强化资金的投资供给，加大在基

础农业设施上的建设力度，打造"互联网＋现代农业"的发展方式，注重排水、引水、灌溉及机械等设施设备的发展，成立专项智慧农业发展保障基金，实施政策性资金补贴，不断促进智慧农业规模的扩大。

（2）合理规划设计，实现农业资源信息共享

顶层设计的优化是智慧农业发展的前提，在智慧农业发展模式下，应突出生态化、产业化、集约化等新特征，打破传统各行业及体制间的阻碍，为智慧农业发展制定远景规划，逐步建立规范化的种植养殖示范基地，利用"引入驱动、招商引资、科学管理"的创新理念，强化智慧农业在当下及未来的发展优势，激发农民投身智慧农业建设的热情，与政府、企业及服务商一道，不断推动智慧农业的有序发展。另外，促进高科技设施农业的普及和推广，加入包括大数据、云计算、物联网等技术在内的高新技术，打造信息共建共享的全新管理渠道，在现代技术的保障下展现出信息优势，并将信息资源广泛应用于管理、交互和衔接之中，有效解决农业发展的"信息孤岛"问题。

（3）加强成果转化，促进农村土地规模经营

基于"互联网＋"的发展，传统农业向智慧农业转型势在必行，"互联网＋"技术更是农业产业未来发展的根本依靠。智慧农业发展的思想是，必须逐步转变传统滞后的生产角色，加强在智慧农业技术与创新上的投入，全面发挥现代高新技术的优势，使之逐步向农业产业方向渗透，这既满足智慧农业创新的需求，又适应扩大技术市场的需要。由此可见，随着农业技术的快速变革，应以加快技术成果转化为根本，快速形成服务于农业产业的力量，促使"三农"问题得到解决。另外，应提高农村土地流转效率，尤其是在智慧农业的发展中，只有依赖大规模的农业种植，才能最大限度地发挥智慧农业的技术优势，在降低劳动力投入的同时，满足精细化、规范化和科学化的管理要求，推动农业土地资源的集约化、规模化经营。

总而言之，智慧农业是互联网发展的产物，高度依赖软硬件技术的配合保障，尤其是对于信息数据的传输与管理，均具有较高的传输质量和速率要求。因此，在"互联网＋"的影响下，智慧农业的发展必须加大技术投入，改变传统的农业生产方式，逐步在全新的农业发展业态下获得创新，为我国农业经济的全面增速提供支撑。

（四）"互联网＋"推动现代农业发展

1. 可以有效调整我国农业生产结构

"互联网＋"的发展模式能够促使农业经济全面发展，对农产品结构也起到

升级优化的作用，还为农业内部产业类型的提升提供相应帮助。"互联网+"拥有极强的包容性，既能够保证农业劳动者在实际生产经营过程中及时了解市场信息，也能够使其通过信息技术查询相关农业数据，全面及时掌握农产品的市场走势。

此外，还可以通过"互联网+"信息技术了解政府部门落实农业发展的相关政策法规，以便农作物种植人员科学调整农产品生产类型以便适应政府政策要求，使农业经济得到进一步发展。同时，互联网的综合性较强，其中包含各行各业的信息内容，如服务业、工业、农业等。相关产业要把握农业发展的趋势，建立更加现代的农业发展模式，在此基础上发展农业经济，从而产生更大的效益。

2. 可以有效优化农业生产技术

现代农业可以更加充分地利用互联网信息技术，尤其是在生产技术领域可实现跨越式发展。在跨越式发展过程中，要着力创新农业发展方式，把农业创新发展付诸实践。在"互联网+"时代，产业发展方式向技术型生产方式转变，为了更好地适应市场经济发展，工作人员需要将创新能力作为农业发展的主要标准，从而促进我国农业经济稳定发展。

3. "互联网+"给农民创业带来的价值

以互联网的普及为代表的信息技术革命，不仅使社会生产力成倍提高，而且改善了生产关系，对市场参与者的行为、活动和组织模式产生了重要影响。在"互联网+"的大背景下，农业发展领域中大量商机应运而生，孕育了强大的农民创业力量。利用互联网技术可以去中介化和渠道化，以实现点对点和端到端，让人与人之间的沟通更直接，让创业的农户更便捷更高效地满足市场需求，最大限度地帮助创业农民更快地找到新的销售渠道，实现创业目标。相关数据显示，农村家庭通过使用互联网在很大程度上增加了创业收入，互联网的运用可以提高农村居民自主创业的概率，从而增加他们的经营收入。"互联网+"可以进一步帮助创业农民与外界保持友好联系，获取丰富的外部资源，借鉴其他创业成功经验，并最终取得更高水平的创业成绩。由此可见，"互联网+"给农民创业带来了巨大的价值。

（五）"互联网+农业"模式促进农业经济发展

1. 促进农业经济的可持续发展

"互联网+农业"模式的应用，必然会对传统的农业发展模式产生影响。通过大力发展生态农业，可以为农业经济效益和农民收入的提升创造有利条件。但是，相关部门需要与当地的农户、涉农企业取得联系，通过对传统农业发展理念的转变来加快农业的综合性发展，通过互联网的应用来提升农业的现代化管理水平，为农业经济的可持续发展提供保障。农民的收入增加，其从事农业生产的积极性会更高。再加上现代化农业管理方案的应用，就可以从根源上提升农业的综合管理效果，进而促进农业的可持续发展。

2. 促进农业经济的现代特色发展

目前，农业产业结构还没有实现完全的现代化管理。而"互联网＋农业"模式的应用，在发展生态农业、实现农业的现代化特色发展方面发挥着十分重要的作用。首先，农业部门会以现代特色农业的发展理念为指导，对当前的农业产业结构进行优化，实现农业资源的增值。其次，农业部门会从资源保护与资源可循环利用角度，对农业经济的现代化特色发展需求进行分析，并以此来制定有针对性的发展策略，协调农业现代特色发展与资源开发利用之间的关系，通过二者之间的有效互动来提升农业发展的规范性与创新性，为农业经济效益和农民收入的提升打好基础。需要注意的是，要想提升农业经济效益和广大农民群众的收入，必须将生态环境保护与互联网技术进行结合，构建现代化的农业发展平台。

3. 促进农业经济的产业化发展

在"互联网＋农业"模式下，农业经济效益与农民收入的提升是实现农业现代化发展的基础。对此，必须以生态农业的发展为基础制定相应的农业发展策略，加快农业的产业化运行。首先，农业部门需要以提高农业经济效益与农民收入为目标，对当前的农业产业结构进行优化与升级。其次，农业部门需要以资源的优化利用为切入点，借助互联网技术打造现代化的农业管理体系，提升农业的现代化管理水平，为农业经济的可持续发展创造有利条件。最后，农业部门需要始终坚持系统性原则与生态性原则，借助互联网技术构建系统化的农业管理信息系统，为农业生态效益与综合效益的持续提升打好基础。与此同时，农业部门还需要对当前农业发展过程中存在的问题进行详细的分析，并结合农业生产规律和互联网发展理念，对农业生产结构进行创新，从而促进农业的产业化发展。

二、"互联网＋农业"的战略意义

（一）有助于实现乡村振兴

乡村振兴战略目标的实现，农村、农业、农民是三个不可偏废的实践维度，其中推进农业现代化是乡村振兴的基本内核。农业是先天的弱势性产业，长期以来农业生产效率提升缓慢，家庭经营收入长期在低水平徘徊，因而改造传统产业，推进其升级改造是新时期农业发展的必然要求。在当前大数据时代，信息技术渗透于社会生活的各个层面，将互联网技术融于现代农业发展是转变农业增长方式、提高农业生产效率的关键性手段。精准扶贫的伟大实践表明，农民脱贫致富和农村可持续发展的实现最根本的还是要立足于农业。

同样，乡村振兴与脱贫成果的有效衔接以及乡村振兴战略的推进，仍然要依靠现代农业，立足于现代农业的发展。因此，"互联网+"现代农业是推动农业提质升级发展的必然选择，也是实现乡村振兴战略的主要推手。

（二）加快农业经济发展速度

受经济建设以及环境变化等多方面因素的影响，当前国内土地资源呈现不断减少的趋势，特别是人均耕地面积不断减少，农业经济发展面对的问题进一步增多。从农业经济发展水平来看，国内的农业经济发展水平与国外相比仍存在一定的差距，特别是在部分农村地区，受机械化普及程度低等的影响，人力种植的占比仍然相对较高，这就导致种植精细化程度长久得不到提高，影响了实际的作物产出，在农作物加工和销售等环节也会缺少必要的支持，导致该地区的农业经济发展长期处于落后地位。在引入"互联网+"之后，可以利用其相关技术来克服农业经济发展过程中存在的弊端，不断解放农业生产力，同时增强农业发展活力，农业生产也会逐渐摆脱传统人工生产的各类问题，转而向更高效率、更高产值方向发展。在"互联网+"技术的帮助下，农民对农业生产过程中各类农作物和农副产品的供需变化等将会形成更为准确的认识，以此为基础指导农业生产工作，可以保障各类农产品的基本价格，进而保障农民整体收益，推动农业经济在新时期实现新发展。

（三）推动"三产融合"发展

自 2015 年"中央一号文件"《中共中央国务院关于加大改革创新力度加快农业现代化建设的若干意见》首次提出"农村一二三产业融合发展"战略以来，"三产融合"已成为增加农民收入、实现农村可持续发展的重要路径。从目前来看，提高农村资源整合度、拓展经营形态和提升农产品商品化率，是各地在探索和实践中较为普遍的做法。随着"互联网+"现代农业浪潮席卷而来，现代信息技术在生产、加工、流通、管理、消费和服务等环节为"三产融合"发展提供了强大助力。一方面"互联网+"现代农业的实现过程就是对"三产融合"的生动诠释，因为线上线下市场的开拓，自然而然会引发农村加工业的联动效应；另一方面"三产融合"推进的前提和基础就是现代农业的建立，唯有提升农业技术装备水平、延展农业产业链、完善农村互联网基础设施和物流体系，方能实现农业产业的全链条发展，进而真正实现"三产融合"。

（四）迎合经济发展变革形式

当前经济发展对各行各业产业变革的要求逐渐提高，特别是随着消费渠道和消费方式的变化，人们的选择更加多样化。在"互联网＋"的帮助下，人们可以对消费方式和消费概念等形成更为全面的认识，在此基础上对农业经济发展策略进行调整，充分利用互联网平台来完成相关产品运输和销售工作，可以减少农产品销售所耗费的时间，同时也更有利于各类农产品的推广，继而为社会经济发展变革做出更突出的贡献。

（五）有助于拓展农业的多功能性

从目前来看，土地、劳动力和资金技术三要素的资源约束是我国"三农"问题的主因，尽管长期以来政府在资金投入、资源配置和政策扶持等方面予以了高强度、持续性支持，但源于传统农业的惯性发展模式，农业生产效率和综合效益长期在低水平徘徊。随着"互联网＋"现代农业的兴起和发展，农业与加工业、服务业的壁垒被彻底打破，逐渐建构起以农业为基础的一二三产业联动发展的现代农业产业链。这一链条所形成的联动效应，使得农业的多功能性进一步拓展，农产品加工、休闲农业、乡村旅游、农村电商等一系列产业新业态成为农村经济发展的新趋向。通过线上线下销售平台的构建，农村众多而分散的农户集聚起来，他们的市场化意识不断提升，商品化水平也持续提升，逐渐形成了从农田到餐桌的全产业链模式。

三、"互联网＋农业"模式的分类

（一）智慧农业模式

进入智慧经济时代，互联网、大数据、人工智能、云计算等信息化技术席卷而来，对产业发展产生了深远而重要的影响。智慧农业作为一种新的业态形式，亦成为未来农业发展的重要选项。从数字化走向智能化，将现代信息技术深度融于农业生产的全过程之中，实现信息感知、定量决策、智能控制、精准投入、个性化服务，是智慧农业的价值取向与功能定位。智慧农业是建立在大数据的基础上的，将农业生产、田间管理、市场销售全过程实现可视化、无人化、机器化，有效提高了作业条件、生产效率和土地利用率。从目前来看，智慧农业的实现尚有不少掣肘因素，如山地丘陵地区宜机化程度不高，特别是一些零碎贫瘠、规模不大的土地，严重制约了智能化的规模化发展。

（二）电商农业模式

经过多年的探索和实践，农村电子商务迅速发展，深刻影响了农村经济发展和农民生活。2020年我国农村网民规模为3.09亿人，农村互联网普及率为55.9%，农村网络零售额达到1.79万亿元。电商促进了农业产业化、数字化发展，也彻底打破了相对封闭的农村经济圈，使得农村市场化、商业化的步伐大幅加快，有力推动了乡村经济的发展。"电商＋农业"或者"电商＋直播＋农业"为农产品销售开辟了一条绿色便捷的通路，很大程度上缓解了农产品"卖不出""卖不远""卖不长"的突出问题。一方面，电商农业在农民和消费者终端之间架起了一座桥梁，促使农民形成了市场化意识，面向消费需求来安排种植生产，从而更好地实现供需对接；另一方面，电商农业彻底根除了农产品市场信息不对称这一顽疾，大大减少了中间环节，有效降低了交易成本，突破了传统农业的时空限制，这就为大幅增加农民收入提供了可能。

（三）共享农业模式

进入共享经济时代，"共享＋农业"日渐形成趋势。从目前来看，共享农业的探索与实践已经起步，如"共享农场""认养农业"等模式，对现代农业的发展提供了一条可供选择的可行路径。共享农业将农村小规模土地充分利用起来打造成为新式田园共同体，借助现代互联网和信息技术，对接渴望"耕织"生活的城市消费者，使其参与到种植、放牧、养殖、加工等农业生产活动中来，通过共同生产、共同经营、共同收获等全流程参与，实现自己的田园梦。在这一过程中，共享农业经营者既是田园共同体的所有者和经营者，又是一线服务者和后勤保障者，一方面可以收取一定的管理服务费用，另一方面也可以通过产品销售、餐饮娱乐等产业链拓展进一步增加收入。在互联网技术支持下，市民还可以通过认养方式全程监控粮果蔬菜、鸡鸭鱼猪的种养过程，待成熟、加工后可通过快递配送直接进入餐桌，这种模式越来越受到人们广泛的欢迎。

（四）文创农业模式

文创农业是近年来关注度较高、讨论较多的一种现代农业模式。文创农业集文化、创意和旅游于一身，将区域历史文化、农业发展特色和地方旅游资源充分整合起来，打造出了"一域一品"的现代农业发展模式。从多地实践来看，有专业性比较强的文创农产品农场、文创农艺工坊、文创农产品专营店等形式，也有文创主题农庄、文创亲子乐园、文创休闲农牧场、文创酒庄、文创现代农业示范园等综合性文创农业项目。文创农业被誉为继休闲农业之后又一拓展农业多功能性的有效渠道，也被视为在休闲农业基础上的提质升级。在互联网现代信息技术的支持下，可以使用文化创意包装传统农业，最大化、立体式开发农业，从而全方位提高传统农业的附加值，进而增加农民的收入。尤其是对于相对落后的地区而言，工业基础薄弱，农业生产效率不高，文创农业的推进可以有效改善原有农业同质化发展模式，使其扎根本土、立地生长。

四、"互联网 + 农业"模式应用存在的问题

（一）信息技术利用的有效性偏低

农业本身就是一种非常传统的产业，在与信息技术进行整合的过程中，必然会出现各种各样的问题。合理利用信息技术以及现代化科学技术，并借此实现农业生产效能的提升，对于整个农业产业的发展都有着积极的影响。但是，一些地方农业生产，并没有对信息技术进行有效利用，制约了农业经济效益与农民收入。

（二）农业的生产效率偏低

农业生产效率偏低也是"互联网 +"模式应用于农业经济发展过程中普遍存在的问题。农业生产效率偏低，主要与农业互联网的利用率偏低有关。例如，绝大多数地区在农业生产过程中，依然以分散模式的应用为主，并没有对农业生产的集约化发展和规模化发展予以重视。农民群众、农业技术人员以及相关管理人员应当对农业的规模化生产予以重视，借助先进的机械设备来提高农业生产效率。

（三）对互联网的认识片面

一些地区存在农民的受教育程度偏低，接收信息技术较慢，对互联网知识掌握不深入、不全面，从而导致农业生产效率偏低，农民收入难以提升。因此，需要加大"互联网 + 农业"模式的宣传力度，通过各种渠道使农民群众对现代化农业和生产技术有一个全面的了解，引导其通过现代化机械设备的应用来实现农业生产效能的提升。

五、利用"互联网＋农业"模式促进农业经济发展的策略

（一）提升农业的自动化发展水平

首先，加强智能终端的应用，通过智能终端来加强农业自动化运行的操作监管。因为智能终端的应用，可以对农业自动化系统中的任意一个环节的运行数据进行收集、整理与分析，并给出有针对性的指导建议，提高农作人员的工作效率。并且智能终端的应用，还可以为农业自动化系统的信号控制与电路设置提供双重保障，确保在出现异常问题的时候，第一时间向工作人员发出报警提示，提升农业自动化运行的安全性与准确性。其次，对农业自动化系统的统一标准程序接口予以高度重视，确保在既定的程序运行下，提升整个农业自动化的运行水平。

（二）强化农业农村的网络基础设施建设

通过更有效的金融服务、更有支撑的创意空间促进农业经济发展；确保网络安全，强化农村的网络基础设施建设以及便捷的金融服务支持创意空间建设，为农业经济更稳健地发展打好基础。在网络基础设施的建设中，积极优化农村经济发展与网络设施资源整体布局，根据当前经济发展现状，有针对性地增加或布局网络基础设施建设，改善网络应用的硬件、软件系统环境，培养有知识、有能力的技术人才到各网点做好现场指导，逐步拓宽网络技术应用的广度和深度，主动与农业参与者团体对接，逐步建成农村网络服务中心，下设不同级别的信息服务中心，实现农村信息网络到村到户随时可用可查的立体网络站点建设，利用好云计算大数据带来的技术进步。网络安全即将系统硬件、软件、网络数据做好安全，采用强有力的综合性的密码，让暴力破解密码不可实现；对介质访问控制地址进行控制，可以确保网络不会被恶意攻击。使用安全级别较高的操作系统是网络安全的根基。限制系统可提供的服务功能和用户操作权限，以减少黑客攻击系统。加强身份认证识别是最基本的安全服务。

（三）加强 5G 移动通信技术的应用

5G 移动通信技术是世界上最先进的科学技术，可以与各种无线技术进行有效衔接。将 5G 移动通信技术应用到农业生产经营当中，不仅可以提高网络资源的利用率，还可以对农业自动化系统的结构进行扩充，对农业数据信息进行更加高效的整合与利用。所以，加强 5G 移动通信技术的应用，在提高农业生产效率与生产质量方面发挥着十分重要的作用。而农业生产效率与生产质量得到提高，

农业经济效益和农民收入也就自然而然会得到提高。

（四）搭建资源整合平台，优化农业发展资源

服务于农业经济资源的优势整合，包括基础设施整合、数据层面整合、服务层及管理层面整合、信息资源整合，以需求为导向，做到优势互补、资源共享。资源整合平台是将资源更好、更迅速地引入农业产供销各个环节，做到资源开放、优势互补、信息共享、互通有无，建立共享模式，以可持续发展理念为指导，依靠资源信息整合平台，将有价值的重要资源及信息及时发布到网上，农业参与者根据平台上的有效信息优中选优，把"互联网＋资源＋信息＋技术"合理运用到农产品生产、加工、销售各个环节中。可以根据互联网技术有效地改造加工设备，使其变得更加智能、精确度更加准确，从而提高农产品的制造以及加工水平。

另外，也可以通过对监测监管体系进行不断的完善来保证农产品的加工质量，把"互联网＋"技术合理地运用到农产品价格上，利用互联网技术整合农产品的价格，根据大数据来分析和调控农产品的价格。对于大部分的农业经济而言，农产品的价格在其中占据着很重要的位置，我国的农产品分布得相对比较广泛，而且种类也是多种多样，使得价格的波动频繁，所以需要运用互联网技术将与农产品价格相关的数据收集起来，并将其存储到数据库中，依照相关的价格数据为农产品价格的制定提供合理的依据，促使我国农业经济在稳定中实现可持续发展。

（五）加强农业技术性人才的培养与引进

加强农业技术性人才的培养与引进，也可以有效提升农民收入和农业经济效益。首先，要出台一系列奖励政策，鼓励农村大学生回村发展农业。其次，通过一系列人才策略，将更多的技术型人才吸引到农村，对农民群众进行技术性指导。再次，对农村的领导干部、种植大户进行重点培训，使其掌握先进的互联网技术的应用方法，通过这部分人带动相关区域的农业经济发展。最后，对广大农民群众进行培训，使其对互联网技术有一个大致的了解，愿意积极主动地应用互联网技术提升农业生产效率。

（六）提升农业信息化、智能化水平

提高农业产品的供应数量和质量，增大市场竞争力加强农业经济发展，提升农业生产及经营过程中的信息化和智能化水平，强化互联网应用技术，随着劳动力的大量转移，农业从业者逐年减少，农业机械化、现代化生产，要求必须应用先进设备，加强先进人工智能、遥感、无人机驾驶等技术在农业经济中的应用，

以应对新时期出现的新情况。

只有通过提升先进技术设备在农业经济发展中应用的比例，才能增强农业产品在市场中的竞争力；利用人工智能控制灌溉技术，精准施肥、用水、授粉等；识别虫害及虫害分类数据库，分类喷洒农作物；推行农产品电子商务，推进线上线下融合发展，提高产品销量；推进智能化养殖、远程自动化管理，大大节约人力成本，提高养殖经济效益。推进需求导向的农业供给侧结构性改革，提升农业生产及经营过程的信息化、智能化水平。

（七）积极发展农业电子商务

推进农业经济发展，各部门要加大扶持力度，结合本地发展实际，出台相应的有利于农业经济电子商务发展的措施办法，支持当地农业电子商务的发展。借助互联网龙头企业如阿里巴巴、腾讯、京东的运营平台，吸取先进的管理模式、运营方式、监管办法，鼓励发展成立以农业、农产品、农村发展、农户增收为主的电子商务公司，利用智能手机推进移动商务发展，利用强大的互联网技术，大力发展移动电子商务，全面促进农产品走向市场，弥补传统电子商务的短板。

通过移动商务，促进农民增收、农村稳定和谐发展。积极强化与物流平台之间的紧密合作，加强电子商务和移动商务监管精细化，推动农业经济的不断发展，农民可以把"互联网+"技术运用到农产品的流通中，提升农产品的流通水平。充分地利用互联网，使得农产品的零售和批发都能在网络平台进行，从而简化交易流程，降低供需双方的交易成本。一些农产品的易碎性和易腐化性，限制了网上交易的规模化，农民可以通过创新的营销模式和技术手段解决这些难题，打造农民创业、创新的强有力的平台。

第四节　农民身份转变和农民职业化

一、农民向职业农民的转变

（一）农民的市民化与职业化

新型城镇化与农业现代化都是现代化发展中的子系统，两者有着必然的耦合关系，它们相辅相成、互为基础，彼此整合，最终实现整体协同发展。因此，农民的市民化转向与职业化留守，是同步生发的。我国"两化"协同发展面临的关键性问题是统筹城乡发展，缩小城乡差距，即在工农之间、城乡之间寻找一个平衡点，使之相辅相成。目前，随着新型城镇化进程的加快，农村受过高等教育的大量青壮年从农业生产领域转向非农业生产领域，人口老龄化、农村"空心化"、农户兼业化现象明显，"由谁种地，怎么种地"问题日益凸显。

同时，在乡村振兴战略下，农业现代化进程日益加速，农业规模化程度和农业机械化水平的不断提高给农民提出了新的要求。因此，在"两化"耦合发展过程中，作为两者协同发展的推动器，农民的思想文化和科技水平决定着"两化"的耦合发展。所以，加快在农村培育一支有文化、懂技术、善经营、会管理的新型职业农民队伍就显得尤为重要。因此，在城镇化和农业现代化的共同作用之下，农民群体会沿着两条路径逐步发生分化。一条是部分农民在城镇化的推动下，不断聚集于城镇，从事非农工作，他们逐步由农民工转化为城市市民；另一条是农村中外流的农民将其原本拥有的农村土地经营权进行流转，促使土地最终集中到种田大户手中，推动农业的规模经营，使那些具有一定农业经营意愿的农民转化为新型职业农民。

（二）农业的机械化发展与农民职业分工的深化

现代农业和城镇化的协同发展要求鼓励发展多种形式的农业规模经营和社会化服务，逐步形成以家庭联产承包经营为基础，以专业大户、家庭农场、农民合作社、农业产业化龙头企业为骨干，以其他组织形式为补充的新型农业经营体系。在具体的实施过程中，由于新型职业农民具有高度的职业属性，对农民无论是技术水平还是职业等级都能制定一个标准化、专业化的认定，可以强化农民的职业性质和所属专长，使得农民群体实现从身份农民向职业农民的转变，在推动城乡协调发展的过程中，更好地应对农业生产经营中分工更为深化的需要。

二、农民职业化的内涵

在新的历史发展时期，农民的职业化就是让广大的农民做回真正的农民，让农民成为一种重要职业，让广大的农民产生强烈的职业认同和职业职能。在农民职业化的过程中，无论是从农业的生产方式，还是从社会认同、行为价值等方面，农民都与其他职业具备了很大的相似性。

当代的农民不再拥有固定的身份，而是具备了很大的自由选择权利，可以选择做农民，也可以选择做其他职业，同样的，城市的居民也具备选择成为职业农民的自由。因此，在新的历史发展时期，我国新时代的农民职业化主要包含两方面的含义：其一，更多的社会成员可以选择做职业农民；其二，不断提升农民职业认同、职业职能等专业化发展水平，简单来说，就是尽可能地提升职业农民的数量和质量。

三、实现农民职业化的重要价值

（一）是实现我国农业现代化的重要途径

伴随着社会经济的迅速发展，我国的农业发展也迈入了新的阶段，开始由传统农业向现代农业过渡，呈现出了新的特点。在过渡的过程中，当前我国农村也存在一系列的问题，留守老人增多，青壮年较少，农业生产缺少足够的劳动力，农村"空心化"问题日益严峻，导致很多田地无人耕种进而荒芜。种地的问题已经成为摆在人们面前的严重问题，习近平总书记多次强调，中国人的饭碗任何时候都要牢牢端在自己的手中。现如今的农村状况应该引起社会的广泛关注与重视。在这样的背景与环境下，探索农民职业化的发展道路具有重要的现实意义和长远意义。实现农民职业化是解决现代"三农"问题、实现我国农业现代化的重要途径。

（二）能够加快我国新农村建设的步伐

在我国的新农村建设过程中，农民是主要的参与者，新农村的建设离不开新时代农民的参与和贡献。其一，在农民职业化的发展过程中，最重要的一点是不断提升农村农民的综合素质和整体水平，培养他们成为新时代的新型农民，使之具有新时代的发展意识和创新精神。其二，在村容村貌的建设方面，新时代农民发挥着积极的作用。广大的农民加入职业农民的行列当中，并参与到现代农业生产和经营中，现代农业体系呈现出了专业化、规模化和产业化特点，在发展的过程中，发展资本不断积累，逐渐占据在农业市场上发展的优势。反过来，雄厚的资本出于市场开发和发展的需求，又会投入农业的发展上，这样良性的循环发展，对农村实施基础设施建设、开展文化建设和生态环境建设，以及提升农村、农民、农业的发展水平具有重要的现实意义。

实践证明，我国的新农村建设，离不开职业农民的参与和奉献，只有充分地发挥他们的主力军作用，新农村建设才能发展得更好、更快。

（三）帮助农民提高生活质量

要走农民职业化的发展道路，最重要的是专业人才的培养工作。其中包括必须切实解决农业生产经营年龄断层的问题，培养出一大批专业的从事农业生产经营的人才，进一步满足农业生产经营对高素质专业人才的需求，推动农业生产经营的可持续、长远发展。农民数量的增加，一定程度上提高了农村的劳动力数量，很大程度上提升了农业的生产规模，从而减少了优良土地的荒芜和浪费，提升了农业生产经营的效益。在走农民职业化发展道路的过程中，农民都具备了发展的意识和创新的意识，懂得依据市场的实际需求来确定农产品的生产和加工。实践中，那些市场销售火爆、利润可观、拥有较高附加值的农产品往往成为农民职业化中的投资热门，一方面可以取得可观的经济效益，提高广大农民的生活质量和生活水平，另一方面可以促进我国农业经济的快速发展，提升市场竞争力，巩固国家发展的根基。农民职业化的发展，可以有效地引导广大农民走上快速致富的道路，缩小城乡收入差距，早日实现共同富裕的发展局面。

四、农民职业化转向培育的困境

（一）外部困境

1. 城乡二元结构制约资源流动

我国的城乡二元结构，使得城乡生产要素难以真正实现自由、平等的交换和流动。在人力资本方面，城乡资源在资源配置制度和资源市场分配中存在着明显不平等。在这种二元结构格局下，一方面，优秀人才必然涌向城市，导致农村出现劳动人口结构失衡的现状，使得符合现代农业发展需要的职业农民很难形成。另一方面，农村还面临着优质外来培训师资难以引入、内部师资能力培养欠缺的困境。资金方面，在城乡二元结构的影响下，人们更愿意将资金投入城市中去。长期以来，农村资金来源渠道少，很大程度上限制了其发展。基础设施方面，现阶段除资金、规划、协同机制外，农村道路交通、信息通信等基础设施建设与城市差距较大，缺少完善的基础设施保障，农村难以成为上规模的新型职业农民培育的基地。

2. 土地流转困难制约农业规模经营

新型职业农民的产生是建立在土地规模经营的基础之上的，而土地规模经营却往往受制于农村土地流转困境。当前，农村土地经营者和农村土地集体所有者之间对农村土地的占有、使用、收益和处分的权利关系仍然不明晰。在协同"两化"耦合发展过程中，很难引导农村土地有序流转到新型农业经营主体手中。同时，在土地流转的过程中，还存在部分相关地方政府行政部门对其进行不恰当的干预，造成农村土地流转程序烦琐、杂乱的问题，致使部分农民对相关机构的行为产生不认同心理，阻碍着农业经营规模的形成。

（二）内部要素制约

1. 缺乏精准的培育对象瞄准机制

随着城镇化的推进，人们选择返乡就近就业将会成为一种趋势。确定好一套合适的职业农民培育对象瞄准机制是新型职业农民培育的前提条件。但目前存在着培育对象定位不精准、对象出现偏差的现象。由于缺乏有效的瞄准机制，在实践中往往把一些长期脱离了农业生产经营的人群作为首要的培训对象，这样不仅会加大前期培训的工作量，还会出现新型职业农民培训对象与广义的农民培训对象相混淆的问题。

2. 缺乏多元化的培育社会主体

新型职业农民培育工作的开展需要政府与各社会力量的协同合作，然而，目前在新型职业农民培育中，政府部门没有给予相关社会主体更多丰富的参与空间，农业龙头企业、农民专业合作社等参与培育的机会较少，社会资源广泛参与的机制不灵活，整个培育系统运作还没有实现各方力量的有序整合，难以形成"一主多元"的新型职业农民培育体系。在新型职业农民培育工作中，尽管涉农龙头企业等市场主体具有契合当地特色产业和基地的优势，但更多关注眼前利益，认为参与培育不能直接为其带来经济效益，投身培训工作的积极性不高。

3. 缺乏有针对性、创新性的培训内容与形式

目前新型职业农民培训的内容与形式相对滞后，导致学员自我职业发展能力与现代农业发展的需求不匹配。具体表现为两方面。一是培训内容过于单一，不符合新型职业农民的内在本质要求。新型职业农民培训的本质是要培养出一批懂技术、有文化、会经营的职业农民，但是具体的培训更加专注于农业种植等技术层面的培训，忽略了经营管理能力以及爱农情怀、职业规划发展等方面的培训。二是培训手段和形式不够灵活，实训课程较少。实践有着明显的经验性和情境性等特征，职业农民的许多经验都是在这种动态交互中获得的。然而，在实际培训中，部分地区会忽视实践教学。而且由于农村地区信息基础设施相对落后、农民对新事物接受程度相对较低，一些现代化的培训手段和形式无法实现大范围的普及，因此也无法满足现代农民培育的形式多元化需求。

（三）农民自身制约困境

农民是新型职业农民的主要来源，更是推动"两化"耦合发展的重要力量，

鼓励农民积极主动参与培育是实现"两化"的落脚点,但目前仍存在一些困难。

一方面,农民成为新型职业农民的主体意识淡薄,导致难以吸收培育对象。农民长期处于自我封闭、保守、盲从的状态,导致农民的生活方式及思想相对保守,自我发展眼光不够长远,使得一些农民囿于生产效率低下且收入和产量都并不乐观的传统农业生产模式,对现代农业生产的新观念、新技术存在一定的抵触情绪。而且,功利化的价值取向导致农民参与培训的意愿不足。城镇化进程中,尽管农民的市场意识在不断增强,但是出于对利益的追求,农民仍然更看重眼前、当下的利益,对于需要付出较多时间以及金钱成本的新型职业农民培育,其往往认为影响谋利、浪费时间,致使主动参与培育的意愿不强。此外,较弱的社会责任意识导致农民缺乏承担农业发展的责任。人是生活在社会中的人,在利用社会资源实现自我价值的同时,也必然承担起相应的社会责任,对其所处的集体和社会负责。农民作为农业的重要生产者、经营者,是发展农业现代化、推动新型城镇化的基础。但现实是农民缺乏承担发展农业、农村的社会责任意识,无法作为"两化"耦合下的"动力联动器",难以充分发挥其社会价值作用。

另一方面,农民成为新型职业农民的基础能力相对欠缺。必要的能力储备是农民参与培育活动的基础与前提,对作为直接受训对象的农民来说,其自身的科学文化水平等会影响到职业农民培育的实际效果。但目前,大部分农民靠经验务农,其文化能力较弱、科技意识不强,综合能力整体上处于较低水平。

第二章 新型职业农民

现代农业呼唤新型职业农民，新型职业农民因现代农业的发展应运而生，不断成长壮大。现代农业要求新型职业农民具有较高的综合素质，要熟悉农业生产，要掌握农业的专业技能，要有较为全面的农业知识基础，要有市场拓展能力、创新能力、自组织协作能力、综合管理能力，而且需要有宽广的视野和优良的职业道德等综合素质。因此，要以专业化、职业化为目标，加快培育新型职业农民，从农业现代化的战略高度、从确保粮食生产基础地位和农产品有效供给的视角来重视与加强对新型职业农民的培育。本章主要论述了新型职业农民，分别从新型职业农民概述、新型职业农民培育、新型职业农民素质三方面进行了详细介绍。

第一节 新型职业农民概述

人才是实施乡村振兴战略和实现农业现代化的关键，但随着农村青壮年劳动力的大量转移，农村剩余劳动力老年化、女性化现象突出，农业生产面临着后继无人的严峻形势。因此，亟须培育一批高素质的职业农民，以解决农村劳动力缺乏的问题。新型职业农民是农业现代化发展和实施乡村振兴战略的生力军，2020年的"中央一号文件"《中共中央国务院关于抓好"三农"领域重点工作确保如期实现全面小康的意见》更是将新型职业农民培育纳入了国家教育培训发展规划，因此，应重视新型职业农民培育工作，造就高素质的现代农业生产经营者，满足乡村振兴和农业现代化的人力资源需求。

一、新型职业农民的产生背景

我国农耕文明历史悠久，总耕地面积辽阔，农民人口占总人口的比重极大，是一个不折不扣的农业大国。但是，随着改革开放的不断深入，社会主义市场经济的向前发展，我国出现了史无前例的劳动力大转移，即一直从事传统农业生产的农村劳动力向城市转移，向第二、第三产业转移。大量的农民进城务工，农村农业劳动力严重短缺，从事第一产业的劳动者在总体数量上明显不足。而留守在生产第一线的大多是年老体弱者，这些劳动者劳动能力较弱、年龄偏大且文化程度普遍较低，自此农村农业劳动力结构出现失衡。

2017 年的调查报告显示，我国已有 2.87 亿多的进城务工人员，较 2016 年增加了 481 万人，比 2012 年多 2391 万人，进城务工人员总量年均增长率高达 1.8%。在从农村转移出去的进城务工人员中，新生代进城务工人员（1980 年及以后出生的进城务工人员）占比首次过半。这些"80 后""90 后"新生代进城务工人员一旦选择到城市发展，部分人将不愿意再回乡务农，使得农村劳动力缺乏的风险增大。

纵览世界各国的现代化发展过程，无论是发达国家还是发展中国家，都曾出现过农业劳动力短缺的危机，对农村发展及整个社会的经济发展影响巨大，解决农业劳动力短缺的危机已成为永久的世界性课题。经过不断摸索并结合本国国情，法国采取了"以工养农"的办法：科学引导农村剩余劳动力转移出去；通过政策调整、制度调节，吸引部分青壮年留在农村从事农业；政府出钱出力对农民进行培训，提高其知识、技术水平，以使其更好地从事农业生产；提高进城务工人员的工资水平，确保其收入与城市中等工资水平持平，提高农民的社会地位，使得从事农业生产的青年愿意终身从事农业生产。总之，通过政策和制度的保障，培育和稳定农民队伍，确保农业的可持续发展。

具体到我国，在此问题上，中央于 2012 年提出了培育新型职业农民的号召，旨在应对我国农业劳动力出现的"不愿种地""不会种地"的困境，以解决未来我国农业发展中"谁来种地""如何种地"的问题。农业的发展事关 14 亿人的吃饭问题，对于民生、经济都有重大意义，因此培育新型职业农民显得尤为重要。

新型职业农民的培育，首先要协调好农村劳动力的"留""转"问题，在有效转移富余劳动力的同时，通过各种方式留下一批适应现代农业发展要求的农业劳动力；其次要开展农业接班人培养工作，确保农业后继有人；最后国家和基层政府要重视对农民的教育和培训。

二、新型职业农民分析

新型职业农民是党和政府针对国内农业发展的实际需求而提出的有中国特色的概念。新型职业农民是国内特有的创业群体。

（一）新型职业农民的概念

新型职业农民的概念首次出现在 2005 年党中央的"百万中专生计划"中。学界对新型职业农民的概念普遍存在着广义和狭义之分。广义上的新型职业农民是指从事与农业生产经营活动相关的人员，不仅包括一直从事农业生产活动的农民，还包括为农业生产活动提供服务的人员。狭义的新型职业农民是指以农业为固定职业，收入主要来自农业生产经营，具有农业生产所必备的专业技能的现代农业从业者。

新型职业农民是指同时具备科学文化知识和一定的经营管理能力、掌握现代农业生产技术，以从事农业生产为固定乃至终身职业的农业从业人员。

对于新型职业农民来讲，主要是农民接受专业化的培训后，学习和掌握相关的科学文化知识，具备一定的生产、经营能力，可以积极运用先进的生产技术、经营手段来促使农业的经济发展。从实际情况来讲，新型职业农民具有一般农民的特征，也就是生长于农村区域，对农业有着浓厚的热爱之情，将农业生产作为经济来源，但是与一般农民不同的是，其不再使用传统耕作方式，而是运用现代化的农业生产技术，他们的文化素养较高，可以将农业生产当作一种职业。他们具有一定的市场风险观念，经营意识良好，有着社会责任感，不再局限于传统的劳作，而是注重参与规模化生产、机械化生产，对生产过程中的经济效益非常重视，拥有现代化的经营观念。

由此可见，新型职业农民是一种职业，是将农业技术与产业化生产相结合的新工作。与传统的农民相比，新型职业农民更具专业性，对他们的要求也更高，农业技能的掌握更熟练，收入也更高。

（二）新型职业农民的特征及条件

新型职业农民也是农民，他们大部分时间都在农村生活并从事与农业相关的工作，生产收入主要来源于农村地区的生产运营。新型职业农民的特点体现在经营稳定性较高、社会责任感较高等方面，新型职业农民因为整体素质较高，经济收入、社会地位也随之增加，从而获得了社会的尊重，在赚得更多利益的同时，也可更好地实现人生价值。

一个农民只有同时具备了三个必要条件，才算作新型职业农民。一是新型职业农民必须在市场上有主体资格。农民为提高自身收入，进而获取经济利润，通过从事农业生产经营来进入市场并从事农业经营。二是对新型职业农民的要求是整体素质要高，同时还要具有较高的科学文化素质、社会责任感，这些素质是新型职业农民的独特标记。三是新型职业农民必须是职业化的。新型职业农民要求长时间进行农业工作，具有一定的稳定性，并且对农业有认同感，愿意投入农业工作中来。

（三）新型职业农民的理论阐释

新型职业农民培育将伴随我国农业现代化发展的全过程，是一项长期的、艰巨的基础性战略任务。传统的农民简单地说是指专门以土地为生、长期以农业劳动为主的农村居民。

新型职业农民是指具有一定的科学文化素质，掌握现代农业生产技能，具备一定的经营管理能力，主要以农业产业链中的全过程或某个环节，如生产、经营、服务为主要职业，主要经营收入也来自农业产业，居住在农村或集镇的农业从业人员。

传统农民与新型职业农民的主要区别在于：传统农民主要以土地为主体，以维持生存为第一需要；而新型职业农民则以市场为主体，以追求市场效益最大化为目标。传统农民种地规模小，缺乏专业技能，以体力劳动为主，劳动效率不高；新型职业农民的农业经营方式开始走向规模化、机械化、信息化，因而劳动生产率较高。传统农民缺乏新技术、新设施，农业品类单调，对自然气候的依赖性高，且抗灾害风险能力弱；而新型职业农民需要不断地学习新知识，应用新技术，根据市场变化及时调整生产结构和产品结构，需要有较高的信息获取、分析与判断能力，还要有创新竞争的能力等。传统农民收入低，不得不通过打工等其他手段来补充收益，常常造成土地闲置现象，实际成了"兼业"农民；而新型职业农民则以农业为主业，是完全职业化的农业从业人员，他们当中有的经过一段创业路，将逐步成为农业企业家，或者是农村经济的带头人、农业产业中的行家。

受传统小农思想影响，我国农业生产主要以自给自足为主，农产品转化率较低，对农民收入的提高会产生消极的影响。党的十一届三中全会以来，我国确立了社会主义市场经济体制，受开放、自由等思潮的影响，农民的思想观念发生了变化，催生了新型职业农民，这些新型职业农民具有较强的法律意识和生产经营理念，能敏锐地洞察市场变化，利用市场规律实现农业收益最大化。新型职业农民相较于传统农民而言，社会责任范围不断扩大、观念不断增强，其责任不仅是为了满足家庭成员"小我"的需要，更重要的是满足市场这个"大我"的需要。此外，新型职业农民还具有强烈的生态保护意识，他们充分认识到良好的生态环境对农业发展的重要性，注重与自然建立良好的关系，善于使用新技术，并控制化学物品的使用，保证了农业农村的可持续发展。传统农民以种地为业，收入较低，社会地位低下。随着国家大力倡导新农村建设和农业现代化，农民开始利用现代信息技术发展农业，努力成为集生产、销售、管理和服务为一体的复合型农民，社会地位得到提高。

三、对新型职业农民的要求

（一）观念要求

我国千百年来，传统意义上的"农民"的定义是面朝黄土背朝天的人。"农民"是辛苦的代名词，更是过去很长一段时间以来"贫困"的代名词，基于历史的缘故，"80 后""90 后"等新生代的农民对从事农业生产毫无兴趣，并且离开农业、离开农村的意愿十分强烈。2010 年国家统计局的抽样调查结果显示，90% 的新生代农民工从未从事过农业生产劳动。2013 年底的中央农村工作会议上，习近平总书记指出，关于"谁来种地"，核心是要解决人的问题。因此，新型职业农民的素质要求首先是需要转变观念，要明确现代农业体系下，农民不再是"灰头土脸"的"贫二代""贫三代""贫 N 代"的象征，而应该是与其他任何行业职业一样，拥有经营收益、稳定收入的体面的职业。

（二）文化层次要求

由于历史的原因，我国农村社会的高文化层次人群比例很小，尤其是在偏远的贫困山区。调查表明，我国农业人口中小学及以下文化程度人群比例占 51.5%，初中人口比例占 41.5%，高中人口比例占 6%，中专人口比例占 0.8%，大专人口比例占 0.2%，本科人口比例占 0.02%，研究生人口比例占 0.001%。高文化层次农村人才缺口巨大。传统农业向现代农业转型升级，新型农业经营主体必须符合现代农业发展的需求，中专及以上文化层次的提升是完成这一战略转型的必备。

（三）素质要求

农民是农业和农村的主体，农业和农村的转型都要以农民的转型为前提，新型现代化农业，不再单纯需要过去仅依靠经验进行生产的传统农民，而是需要一大批具备一定的文化素养、道德水准和思想觉悟，对农业可持续发展、环境保护、资源利用、食品安全负有一定的责任感和使命感，能够掌握现代科技，熟练运用现代生产要素进行生产，更有甚者还需要具备一定的农业产业化经营能力和管理能力的综合素质较高的职业农民。

（四）技能要求

虽然改革开放以来，我国农业生产的现代化水平有了很大程度的提高，但纵观世界农业的发展，我国农业生产中的科技含量还不高，掌握多项科技技能的现代农民比例过小，因此，农业现代化发展背景下的新型职业农民不仅需要掌握粮食和果蔬种植、畜牧养殖等关键行业技术，还需要掌握现代农业机械设备和农产品检验检疫设备的操作使用。针对农业合作社负责人、农业种植和养殖大户及立志农业创业的大学生，还需要掌握电子商务运作和经营销售等专项技能。

（五）创新要求

与传统农民相比，新型职业农民的创新主要体现在以下四方面：一是思维创新，将互联网技术在农业生产经营中进行全覆盖，充分利用现有的微博、微信、手机 App 等互联网技术，或者人工智能技术进行农产品的生产、包装、销售等；二是理念创新，要坚持农业发展的绿色化、生态化、有机化，注重农业资源开发的可持续性、农业生产环境的和谐性；三是营销方式创新，新型职业农民有强烈的品牌意识和敏锐的市场洞察力，善于吸引消费群体，打开高端农产品消费渠道，增强农产品的品牌信誉度和目标客户的忠诚度；四是组织方式创新，打破农业生产、销售、发展的组织形式的单一化模式，强化跨地区、跨区域合作，实现农业发展的"共赢"。

四、新型职业农民组织

2020 年，我国的新型职业农民数量已达 2000 万人，预计到 2025 年将达到 3300 万人。如何将这么庞大数量的新型职业农民组织起来，以让其更好地发挥作用，服务于农业生产，推进乡村振兴，加快农业农村现代化，是值得研究的一个问题。美国的农民组织起步比较早，发展也比较成熟，对我国正在发展中的新型职业农民组织，有一定的借鉴意义。

（一）美国的农民组织

农民协会及农产品委员会共同组成了美国的农民组织。其中，农民协会是农民自发性的组织，在共同的利益基础之上，代表农民解决实际问题。农产品委员会则是由政府组织成立的，目的是推动农业发展。这两种机构具有如下特点。

1. 农产品委员会为大宗农产品交易服务，农民协会则类型多样

美国的农产品委员会具有典型的为大宗农产品服务的性质，如土豆、玉米等比较普遍的农产品，这种交易由农产品委员会的官方保障，农民交易起来更加放心、可靠。农民协会的类型分为食品类、功能类以及综合类三类。食品类，如猪肉、蔬菜、牛奶等协会，功能类有教育、法律等方面的协会，综合类有农场联盟等。与农产品委员会不同的是，农民协会组织的交易不限于大宗农产品，为农民提供了很多便利。新型职业农民在教育协会里受到培训，然后又将获得的知识运用于农业生产，提高了农业生产效率；在法律协会中学到的法律知识，又有助于农民在农产品交易中保护自己的权益。

2. 农产品委员会需政府认证，农民协会则自主性较高

美国的农民协会具有非常大的自主权，完全由农民自发成立，根据各地农民的种植或养殖的农业生产对象来确定协会的类型，加入协会也是完全自愿的，成立的过程不需要政府监督和管理。而农产品委员会的成立则需要通过严格的政府审核，交易的过程也需要通过政府监管，并且农产品委员会的成员必须按时向委员会缴纳税费。

3. 农产品委员会及农民协会都具有分级体系

无论是农产品委员会还是农民协会，都有非常完善的分级体系。最基层的组织一般是县一级，往上有州一级，再往上是联邦一级。完善的分级体系带来的好处是，同一个委员会或协会的不同层级之间可以实现农产品交易信息的互通，还可以适时进行交流，实现资源共享。上级委员会或协会可以对下级农民组织进行各方面的支援，以帮助其维持日常活动，使得农民可以获益。作为最高级别的联邦农产品委员会也会适时举办活动，邀请下级农产品委员会的农民代表参加，使得新型职业农民可以有机会享受国家的资源，提高农民素质，从而更好地服务于农业生产。

4. 政府通过立法支持农产品委员会和农民协会

1922年，美国国会通过了《卡帕－沃尔斯坦德法》，这项法令从根本上确立了农民协会的合法地位，所有的农产品委员会更是依据法律而建立，并接受政府监管。除此之外，农民协会可以从政府获得资金补助，这些资金补助通常以项目补贴的方式发放。除了给农民协会以实际支持之外，也大大提高了农民自发组织农民协会的积极性。美国各州、县的农民协会非常多，除了以交易农产品为目标的，还有以农民教育为目标的，这种农民协会"遍地开花"的现象与政府支持密不可分。

（二）我国对美国的新型职业农民组织的借鉴

我国农民组织与美国农民组织在政治属性上不同。相对于美国，我国农民组织具有社会主义性质及其优越性，所以在借鉴时要注重具体的实践方法，需要批判地借鉴，取其精华、弃其糟粕。

我国新型职业农民组织的现状包括以下几个方面：一是农村目前有以农民合作社为典型代表的新型职业农民组织，在一定程度上代表了农民的需求；二是农民组织以农产品为主要载体，在农产品的生产、流通以及贸易方面起到一定的作用，但是缺少以农民教育为主要目标的功能性的农民组织；三是政府在新型职业农民的培育上给予了很多政策支持，职业院校也对新型职业农民的培育做了相当多的努力，只是在农民那边，缺少合适的机构来对接，形成"剃头挑子一头热"的局面；四是农民组织目前大部分以农民自己管理为主，缺少专业的职业经理人进行管理，造成管理效率低下的局面；五是农民组织在与职业教育培训机构的合作上，主要以被动接受为主，缺乏主动性，合作形式主要以职业培训为主，缺少在农业技术研究以及申报项目上的合作。

综上所述，我国的新型职业农民组织建设可借鉴美国的有以下几方面。

1. 以农民为中心推进农民组织改革创新

当前，我国各地已成立了很多农民协会组织（或合作组织），但其中一部分成效不够明显。究其原因，主要是这类农民协会组织与农民的实际需求结合不够紧密，农民参加的积极性不高。美国农民协会由农民自发成立，农产品委员会虽然是由政府部门组织成立，但主体是农民，委员会的成立都是基于农民的实际需求的。只有以农民为中心，充分满足农民的实际需求，让农民真正成为协会管理者、利益分享者，农民协会组织才会有强劲的发展活力和旺盛的生命力。

2. 引导新型职业农民成立行业性的农民组织

行业性的农民组织在与职业院校合作培训、与商超业务对接以及项目申请上具有先天的优势，从而实现帮助农民实时更新行业知识，对更有效地进行农业生产也能起到关键性的作用。

3. 建立农民教育等功能性的农民组织

实现新型职业农民的长效发展机制，农民组织建立起来后，恰好弥补了这一职能。我国可以成立以农民教育为主要功能的农民协会，这对提高新型职业农民的培训效果，可以起到很好的作用。

4. 促进农民组织在乡村振兴中发挥更大的作用

乡村振兴，农民是主体。提高农民组织化程度，对推进实施乡村振兴战略具有重要意义。充分发挥农民组织的集体作用，需要引导其在三个方面发挥作用。一是信息交流的重要平台。为农民交流沟通、信息共享、相互协作、共同发展创造条件，促进会员之间相互学习、交流信息、合作发展。二是促进产业发展。农民组织要帮助会员开拓市场，扩宽销售渠道，促进产品贸易，提高会员生产经营效益。三是协助开展教育培训。2018年，《中共中央国务院关于实施乡村振兴战略的意见》提出，支持农民专业合作社、专业技术协会等主体承担培训。农民组织应与农民教育培训专门机构进行对接，以更好地反映农民教育培训需求，协助做好教育培训组织管理工作，提高教育培训的针对性和有效性。

5. 运用现代管理方式对农民组织进行管理

我国的农民组织可以聘请职业经理人，职业经理人运用现代管理方式对农民组织进行管理，从而提高管理效果，这有利于农民进行更有效的农业生产，加快农业农村现代化建设。

6. 加强农民组织与职业教育培训机构的合作

美国的农民组织与职业教育培训机构在课题研究、项目申请以及职业培训等方面开展了广泛深入的合作，达到了"双赢"的效果。我国的农民组织可以在增加合作形式、提高合作主动性这两方面同时发力，与职业教育培训机构形成优势互补，实现共同提升。

7. 进一步加强对农民组织的支持与监督

一方面，需要出台法律法规，保障新型职业农民组织的合法地位。另一方面，政府需要对农民组织进行监督，指导农民组织的发展方向，并以项目的形式提供一定的经费支持。与此同时，还可以在新型职业农民组织中建立党组织，发挥好新型职业农民组织中党组织和党员的作用。

美国农民组织在科学的管理、与职业教育机构的合作、经费的合理使用等方面的经验，为我国农民组织发展提供了一定借鉴。然而由于我国与美国国情不同，所以不能完全照搬美国的农民组织，在具体实施过程中，可结合我国国情进一步优化这些举措，加快农业农村现代化进程，全面推进乡村振兴。

五、新型职业农民在乡村振兴中的作用

（一）具有一定的带头示范作用

由于新型职业农民掌握了很多农业生产方面的专业知识和先进技能，在乡村

文明建设中有一定的示范作用，相同的生产环境中其生产力比一般农民高很多，效益也会有所提升，在示范作用下，能够使得一般农民积极向着新型职业农民学习，引领一般农民逐步向着职业化方向发展，这在一定程度上能够带动一般农民提升农业生产水平，提高经济效益，促使农村区域经济快速发展，达到乡村振兴的最终目的。

（二）为乡村文明建设提供人才保障

我国的乡村振兴发展，倡导农村区域进行美丽乡村建设、积极引进先进的生产模式、改善产业架构。在农村区域产业创新发展过程中，一般农民所掌握的专业知识、生产技能落后，缺少一定的现代化经营能力、不利于乡村振兴的发展。而新型职业农民不仅拥有丰富的专业知识，还掌握了先进的经营方式、生产技能，无论是在乡村治理层面，还是在农业生产经营、管理、服务方面，都能够提供一定的人才支持和保障，同时还能引导一般农民参与到美丽乡村建设、农业生产创新等活动中。

（三）能够推动乡村创新发展

我国在落实乡村振兴战略的过程中，并非单纯地进行经济的振兴，还涉及传统文化、传统手工艺方面的振兴，这属于传统农业经营理念的革新。在此期间新型职业农民形成了振兴过程中的先锋队，可以在经营、生产期间针对工作方式和手段进行创新改革，转变传统的发展观念意识，促进农业市场竞争意识的良好渗透。

与此同时，新型职业农民还可以快速适应竞争激烈、变化迅速的市场环境，按照市场的需求对农业生产形式、格局进行创新性调整，开发多元化的经营方式和管理策略，不断增强创新性思维、创新性能力，借助创新的方式来促使乡村经济发展。

（四）能够促进乡村产业布局和转型升级

近年来在乡村振兴发展的进程中，家庭农场、专业大户、农村产业龙头企业等各种新型的农业经营模式开始出现，产业布局的转型升级势在必行。但是，传统的一般农民在此类新兴产业中缺少专业知识，不懂得如何经营和管理，很难为乡村产业布局的转型升级做出贡献，而新型职业农民掌握着丰富的经验，学习到了很多文化知识和先进技术，可以在产业转型升级的过程中更好地进行经营、生产与管理，还能参与到集约化的生产中，推动农业的现代化发展。与此同时，新型职业农民还可以利用自身的专业知识和先进经营手段，因地制宜地开发乡村区域的地方资源优势，科学进行农业产业的布局。在一定程度上还能挖掘当地区域的旅游资源，通过产业升级、创新等形式拓宽经济发展的渠道和空间。

第二节　新型职业农民培育

2012 年以来，按照党中央国务院的部署和相关要求，国家相关部门启动了实施新型职业农民培育工程，各个地区加大组织实施力度，创新工作机制，建立完善工作制度，健全培训体系，使得新型职业农民培育工作取得了突出成效。随着现代农业的发展进程不断加快，一大批新型职业农民快速成长，他们已经成为当前推动现代农业健康发展、调整农业产业结构、加快先进生产技术推广应用、促进农作物增产增收的主力军。

《"十三五"全国新型职业农民培育发展规划》明确提出：2020 年，全国新型职业农民总量要超过 2000 万人，要以富裕农民、扶持农民、提高农民为主要方向；要以吸引年轻人务农、培养职业农民为重点，加快构建一支会管理、善经营、懂技术、有文化的新型职业农民队伍。2019 年，《中共中央国务院关于坚持农业农村优先发展做好"三农"工作的若干意见》指出，要"实施新型职业农民培育工程""支持乡村创业创新""发展面向乡村需求的职业教育"。党中央、国务院还出台相关文件，大力支持掌握一技之长的农民工等各类人员返乡创业，并借助职业教育和职业技能培训等使返乡创业的各类人员成长为新型职业农民，在创业带动就业的过程中促进农村一二三产业的融合发展。这些都显示出国家大力培育新型职业农民队伍的强烈动机。

新型职业农民具有一定的引领作用，属于乡村振兴中的主力军。因此，应该重视新型职业农民的培育，制订完善的培育计划与方案，确保在新时期充分发挥新型职业农民的引领作用。在乡村振兴战略背景下强化新型职业农民培育，不仅可解决"谁来种地"的现实问题，还可解决"怎样种地"的深层次问题；不仅是促进城乡一体化发展、实现城乡资源合理配置的重要抓手，还是实现传统小农生产向社会化大生产快速转变的现实需要。

一、新型职业农民培育的定义

2012 年相关文件提出，新型职业农民是以农业经营为主体，掌握着农业种植、养殖技术，新型职业农民培育的目的是提升农民文化素养和收入水平。对于新型职业农民培育的定义，学界学者有不同的观点。王秀华认为，合格的新型职业农民，通常是区域流动性较强、受过规范性系统培训、具有较高的科学文化素养、被社会认可的能够掌握农业技术的新农民。朱启臻认为，职业农民作为市场的重要组成部分，应该具有强烈的社会责任和意识，拥有较强农业社会性和职业固定性。王昭等指出，新型农民群体具有理性的思维和行为特点，是能够以市场为导向，满足市场资源共享规律，通过利用自由竞争与农业产出的价值规律，实现农业经济效益的提高，组织现代农业生产经营的农民。童洁等认为，与传统农民相比，新型职业农民是指具有现代农业技术、从事基本的农业生产、自由选择职业获得收入的新型农民。

二、新型职业农民培育的现状

（一）培育对象来源不足

近年来随着城镇化的深入推进，农村青壮年劳动力逐步向第二、第三产业转移，从事农业生产的劳动力年龄普遍偏大，且文化水平不高，学习再造能力有限，加之缺乏对新型职业农民的认知，不愿主动参与培训。同时受传统观念的影响，一些大中专院校涉农专业的毕业生，也不愿从事农业生产，放弃了成为新型职业农民的机会。因此，新型职业农民培育面临着培育对象来源不足的窘境。

（二）培育体系不完善

新型职业农民培育体系不完善主要体现在教育培训缺乏系统性，其主要以公共服务的形式开展，培训周期短，培训内容零散，针对性不强、不够连续系统，主要以种植养殖技术为主，缺少市场营销、品牌建设、创业指导、经营管理和电子商务培训等方面的内容，不能满足农民的培训诉求，导致农民无心参与培训。此外，还存在对新型职业农民的界定不明晰、缺乏新型职业农民信息管理系统等问题。

（三）师资力量紧缺

大部分地区尤其是县级及以下地区，新型职业农民培育主要由"农业广播电视学校"和涉农高职院校实施，理论培训基地和操作实训基地较少，师资库匮乏，且专职教师较少，大多数教师为兼职人员。

三、新型职业农民培育的必要性

（一）后"精准扶贫"时代要求培育新型职业农民

面对新形势，要用新判断、新举措来统领扶贫工作，进一步激发欠发达地区相对贫困群体发家致富的内生动力。仅靠外部输血而短暂解决"生存型贫困"的"扶贫成效"是不稳定的，会产生返贫和"脱贫摇摆户"等现象。所以，要积极培育一批新型职业经营主体，引导脱贫户通过发展内生动力走上脱贫致富之路。只有把"生存型贫困"与"发展型贫困"两个目标统一纳入扶贫攻坚全过程，才能从根本上解决贫困问题并杜绝返贫现象的发生。

（二）壮大农村集体经济实力需要培育新型职业农民

在脱贫攻坚和乡村振兴过程中，农村集体经济发展不足始终制约着乡村的振兴。要壮大农村集体经济，必须把农民合作社作为支撑点。农民合作社是以集体形式把零散村民聚集到一起，发展规模化现代农业，它是连接市场的有效载体，是大部分地区脱贫致富、乡村振兴的重要方式。新型职业农民按类别可以分为三类，即农民专业合作社或农企经营管理人员、普通种养大户或家庭农场主、普通农业技术工人。要积极培养农民专业合作社经营管理人才，为乡村振兴发展注入动力、活力，壮大农村集体经济组织。截至2021年4月底，全国依法登记的农民合作社达到225.9万家，辐射带动全国近一半农户，在产业发展、农产品销售等方面起到了巨大的推动作用。

（三）现代化农业发展需要培育新型职业农民

我国是农业大国，"三农"问题关乎国家的富强、民族的复兴、社会的稳定以及经济的发展。一方面，信息技术被广泛应用于现代农业发展中，极大地改变了传统农业的生产和经营方式，促进了农业新业态的发展。例如，绿色农产品"网红"带货，依托网络平台的农产品营销模式，以电子商务为媒介的连锁经营、农产品物流配送服务等，促进了与农业农村经济活动紧密连接的大数据、云计算、物联网等数字技术的进一步发展。新型职业农民从业素质要与之相匹配，这就要求新型职业农民不断学习，提升职业素质。另一方面，运用现代化科技手段发展农村"三产融合"，促使农业产业链延伸、价值链增值。为了达成农村产业发展这一目标，最终还是要依靠农民这一主体。要在充分调动农民积极性、主动性和创造性的前提下，精准有效地提升农民创新创业能力，形成与人们消费结构相适应的现代农业体系。

四、新型职业农民培育的意义

（一）促进农业发展方式的转变

通过采取一系列措施来培育新型职业农民，从而解决重要的农村发展问题，如农民增收、农业发展、农村稳定等。新型职业农民具有较高的科学文化素质，对现代农业生产技能还有一定的了解，同时经营管理能力也较为突出，属于高素质农业专业人才，对农业发展有很大帮助。通过转变农民的发展观念、意识，加大培育新型职业农民的力度，可以更好地促进农业发展方式的改变。

转变农业发展方式，能够促进产业转型升级，提高产品附加值，形成品牌效应，快速将产品销售出去，从而获得更多的利润，为农业发展助力，从而促进国民经济的不断增长，提升居民生活水平，提升人民的生活幸福感。

（二）提高农业农村创新力

培育新型职业农民可以有效促进农村创新力的提高，可以为农村农业发展提供动力，通过国家相关政策支持、相关制度的完善，培育更多的新型职业农民，进而提高农业农村创新力，可以有效解决"谁来种地、地该怎么种、谁来建新农村"的农业建设相关问题，从而更好地激发农业农村的生产活力。通过更好地结合各个地区农村地方实际情况，因地制宜，合理利用当地农业资源，促进地方特色形成。新型职业农民作为未来农业生产的主要力量，在目前来看，还需要政府加大政策支持，加大帮扶力度，更好地促进这股农业新生力量的发展，从而为农村农业发展提供助力，加快"三农"建设。

只有更快更好地提高新型职业农民的创造力，才能让农民产生更多的新想法，看到更多的新问题，从而在不断解决新问题的同时，更好地提高个人素质、提升个人的综合能力和各项技能，更好地解决在创业过程中面临的问题，为社会发展贡献自身的力量，并在推动社会发展的过程中，不断促进个人的全面发展，更好地实现个人价值，实现个人理想目标。

（三）帮助新型职业农民搭建好平台

新型职业农民可以通过自行组织、加强合作，加大话语权，从而更好地抓住商机，占据更重要的市场地位。政府可以加大对新型职业农民的支持力度，建立相关权威的协会与公益组织，进而帮助新型职业农民搭建好平台，并通过具体措施加大新型职业农民的宣传力度，提高新型职业农民的知名度，提高相关流量和曝光度，促进新型职业农民的发展。

同时，新型职业农民可以加大与电商平台的合作，通过直播带货等方式，更好更快地把产品卖出去，进而提高经济收益。通过帮助新型职业农民搭建平台，新型职业农民可以更好地将农产品通过电商渠道卖出去，从而赚得更多的收益，在有限的时间内实现更大的经济价值，极大程度上改善生活水平和提高生活质量，从而提升农民生活幸福感，更好地实现个人价值。

新型职业农民的成功培育是影响我国新农村建设和新农业发展的重要因素，通过仔细规划、全面布局，从而促进现有的农民不断提升能力、潜在职业农民群体逐渐转型，保证转型工作得到高质量的快速发展。大力培育新型职业农民不但可以促进农民整体素质的提高，还能促进新农业的发展，更好地进行"三农"建设，提高农民生活水平，促进社会稳定发展，从而为提升农民幸福感，实现个人价值助力。为构建社会主义和谐社会添砖加瓦，推动中国梦的实现。

五、新型职业农民培育存在的问题

新型职业农民培育具有重要的社会功能。当前新型职业农民培育存在诸多问题，制约了农村现代化发展。

（一）培育目标偏离新型职业农民培育的新要求

我国新型职业农民培育的目标是建立一支有文化、懂技术、善经营、会管理的新型职业农民队伍，为农业现代化建设提供坚实的人力保障。但在实际的调研中发现，超过 2/3 的农村职业教育机构偏离培育目标，表现在以下几个方面：在农业院校设置上，就全国来看，以农学为办校特色的院校甚少，其他高等院校又鲜少开设农学相关专业，高素质农业人才的数量不能满足现代农业发展的需要；在专业和课程设置上，县域职教中心承袭了以往的理念，以为城市输送农村劳动力为目标来设置专业和课程，造成与既定目标的"脱轨"；在人才需求上，乡村振兴需要综合型、复合型人才，农业职业教育机构开展的培训主要以农业生产性知识和技能为主，对经营和管理方面的知识鲜有涉及。

（二）培育内容脱离农民需求导向

我国高度重视新型职业农民培育，实施了"阳光工程""星火计划"等激励政策，增强了农民参加培训的兴趣，助推了新型职业农民培育进程。农民培训的内容由培训主管部门自行决定，自上而下执行，一些农民不能表达其真实的诉求，被迫参加"被安排"的培训，这种脱离民意的培训达不到培训目的，同时培训内容片面强调理论知识而忽视实践操作。

（三）培育方式以集中灌输为主，培育效果不明显

我国农民居住较为分散，大部分地区新型职业农民培育以集中灌输为主，这种方式存在诸多问题。第一，受交通、经费、时令等因素的影响，这种培育方式不能满足人们就地参加培训的实际诉求。第二，"填鸭式"的灌输方式，把知识的传授过程仅当作知识的传递过程，忽略了农民的主体性和独立性，农民从培训的主体选择者变成了被动接受者。第三，培育方式守旧，缺乏创新性，抖音、快手等新媒体以群众喜闻乐见的形式充斥在人们的生产生活中，而农民的培训方式仍采用陈旧保守的方式，严重影响了农民获取市场、农业信息的时效性。

（四）培育资源缺乏系统性和协调性

新型职业农民培育作为一项系统性工程，需要多方合作才能共同完成。但在实际的培育过程中，农民培育资源并未得到有效整合，缺乏系统性和协调性：一是培训机构庞杂，培训项目繁多，农业、扶贫、社会保障等部门均承担着一定的培育任务，彼此之间缺乏工作协调和资源共享机制，师资、场地、设备实现不了最优配置；二是从全国范围来看，由于经济发展水平不同，地区之间以及同地区的各省市之间普遍存在着培育资源不均等的现象，使得各地方在资金支持、师资投入、保障措施等方面相差较大，影响新型职业农民培育的整体性效果。

六、新型职业农民培育的路径

新型职业农民的引领作用较大，要想将其引领作用更好地发挥出来，就应该健全有关的培育模式，利用科学化的培育手段来促使新型职业农民发挥更好的示范作用，从而促进经济更好地发展。我国著名教育家陶行知提出的"社会即学校"是其生活教育理论中的重要主张，他认为杜威提出的"学校即社会"夸大了学校的教育作用，更是一种"鸟笼式"的教育，而"社会即学校"的教育则是"把笼中小鸟放到天空中去，使其任意翱翔"的教育。对于新型职业农民而言，其工作

范围涉及第一、二、三产业，素质要求则涉及得更多，新型职业农民培育不同于传统农民培训，且相对于其他群体教育而言，是一项极为复杂重大、长期系统的工程，涉及农民职业能力培育以及农民职业化社会环境培育等方面。培育过程仅靠一类学校、某个主体、单一场地来进行，无论是所需要的人力、物力，还是具体培育内容、培育形式都难以满足新型职业农民的培育要求。

因此，"社会即学校"的主张与新型职业农民培育工程的要求极为契合，如此一来，新型职业农民培育应该以"人在社会环境中"为切入点，通过协调社会资源，建立从中央到基层的完整的职业农民培育体系与支持体系，逐渐实现新型职业农民培育的系统化。

（一）充分发挥政府职能，营造良好的外部环境

1. 加快统筹城乡发展，形成城乡一体化的政策保障体系

我国的乡村居民、城镇居民在教育、医疗、社会保障等方面享受的是不同的政策。但培育新型职业农民需要营造一个良好的公共环境，包括加强新型职业农民扎根农村、从事现代农业生产的归属感，提高新型职业农民的社会认同感等。因此，培育新型职业农民，就要加快统筹城乡发展，形成城乡一体的政策保障体系，通过建立城乡一体的社会保障体系，推动城乡在社会保障、基础设施和公共服务等领域的一体化建设，从而营造良好的培育环境。实现在支持农村能人进入城镇就业的同时，也通过提高工资待遇、落实乡镇工作补贴等优惠政策方式，支持城镇中有农业及相关领域经营意愿的人才回到农村投资、创业，不断稳定和壮大新型职业农民队伍。

要通过创造较好的农村投资环境，吸引社会资本。充足的资金是解决农民职业培育问题最基本的要素，因此，要通过建立城乡一体的社会保障体系充分拓宽农村的投资领域，从而吸引更多的社会资金投入新型职业农民培育工作中来。

2. 发布扶助性农业政策

政府出台扶助性农业相关政策，可以给潜在的新型职业农民打一剂强心剂。《中共中央国务院关于加快发展现代农业进一步增强农村发展活力的若干意见》发布了扶助性农业政策，包括颁布相关计划，对相关务农创业大学生给予政策支持，提高相应的福利待遇等。此文件一经发布，就引起了社会各界的极大关注，一定程度上增强了大学生的农村创业意识，吸引很多大学生到农村进行创业，帮助农村留住了很多人才，同时也降低了城市的就业压力，实现了"双赢"。

在发布扶助性农业政策时，不能完全照搬其他地区政策，生搬硬套，而需要

结合地区的实际经验，从各地的实际情况出发，通过与地方群众沟通交流、联系相关部门等，了解当地的实际情况，因地制宜地采取措施，发布扶助性农业政策，并通过树立典范，发挥典型示范带头作用，形成新型职业农民转型的良好氛围，一定程度上促进潜在的农民进行新型职业农民的转型，并维护住已有的新型职业农民，响应国家的政策，促进农业发展。

3. 加强师资队伍建设，优化培育条件

新型职业农民培育中的师资队伍建设是提高培育质量的极为关键的因素，从根本上来讲，培育效果如何取决于师资队伍的素质。为了保障新型职业农民培育质量，建设一支满足学员成长需求的师资队伍是持续开展新型职业农民培育工作的根本性任务。经调研，当前的新型职业农民师资队伍培育在"质"和"量"上普遍存在结构性的差异，直接影响培育质量。我国新型职业农民总培育目标为2000万人，其中青年农场主6.3万人，面对如此庞大的现代农业从业者队伍，"农业广播电视学校"系统作为专门培育农民的主体单位存在培训讲师团师资欠缺、力量薄弱、无稳定来源等诸多问题。如在访谈中某学校负责人说"在孵化扶助环节，专家服务团队力量不足，导致了跟踪服务广度与深度不够，部分地区不少学员都处在游离状态，使得跟踪服务等环节不能有效落实"，为了补齐培育中的短板，需要重点强化师资培育建设。

首先，整合资源，建立开放共享的新型职业农民培育师资库。以"分区规划、分类指导"为原则，形成各具特色、分门别类、互通有无的办学队伍格局。例如，某农业职业院校的培训讲师由该院校的科技职业学院培训中心统一聘请，大力实施培训师资"双百工程"，组建职业农民培育"双百师资"团队。从全省农业教育、科研和技术推广等部门遴选100名相关领域理论功底厚、实践经验丰富的专家教授，吸纳100名农民创业典型和地方行业专家，共同组建学院新型职业农民培育师资库，确保每门课程至少有两名专家授课。同时，依托学院"助企兴农工程""挂县强农富民工程"，由知名专家教授、地方农业科技人员组成跟踪服务团队，对职业农民进行跟踪回访，协助其解决发展中的难题。再如，该农业职业院校针对新型职业农民的成长过程，在理论教学方面，不仅有校内专家，还选聘了既了解农村经济发展现状和前景又具有丰富实践经验的一线行业专家。在学员创业过程中，在属地、行业、企业、农业主管部门遴选专家和技术骨干，为其提供创业全程服务。因此，应根据培育新型职业农民任务的迫切性特点，确立快速、灵活的师资队伍调整机制，以"农业广播电视学校"为主体，充分整合各类涉农院校、科研院所、农业科技服务部门、市郊社区学院、乡镇成人学校、行业协会和社企特色基地等单位的师资资源，以匹配各个产业领域新型职业农民产生、生存和发展的各个环节，组建一支涵盖农学（植物类、动物类、园艺类）、经济学、管理学、市场营销、电子商务、财务会计、物流等学科的优秀教师队伍。此外，重点将农业生产各个领域的产业带头人、家庭农场主先锋、示范性合作社理事长、农业企业家等通过有偿的方式吸纳到职业农民培育的导师队伍中。

其次，为了建立一支合格、精良的师资队伍，需要制定针对师资团成员的选聘及审定标准，国外培训专家认为只有品行条件与专业条件合格的人才能被委托为培训教师，并且指出了培训教师需要具备教师品德、技能水平、职业教育等方面的知识。

建立健全培训教师聘用管理制度，建立共享开放的师资库，不断充实优化市场营销、品牌建设、经营管理和电子商务等方面的教师团队，统筹配置城乡师资资源，搭建并疏通与培育主体的沟通渠道，建立健全的行之有效的培训教师考核评价制度。同时，要不断提升培训教师的综合素质，通过交流研讨和实践训练，逐步解决新型职业农民培育理论教学与实际操作不配套、教学模式不能满足农民培育诉求等问题。政府相关部门也要加大对新型职业农民培育的资金支持力度，确保各教育培训机构有一定的经费可用于购置教学设施设备，改善培训条件，开展信息化培训，也可根据农业生产者的实际需求组织分层培训。

最后，应合理选用培训手段，遵循因地制宜的原则，在当地为新型职业农民设置理论培训模块和技能培训模块，使其在培训过程中可以学习和了解先进的农业生产技术、经营管理理念、产业升级模式等。

此外，需完善培训教材选用机制，各市县根据当地农业生产的实际情况及培育主体的文化基础，因地制宜地开发具有地方特色的优质教学资源，提高新型职业农民培育的效率。

4. 建立有效的土地流转制度，实现新型职业农民规模化经营发展

新型职业农民是在规模化经营的过程中形成和发展的，因此，在新型城镇化加快推进的背景下，保障新型职业农民实现规模经营，就要健全农村土地流转制度，在保持土地承包经营权稳固不变的前提下，通过降低土地交易成本和简化交易程序，将土地的使用权、收益权交给农民，创新土地流转模式，从而实现农村土地流转规模化。还要通过规范流转程序与合同加快土地承包确权登记，加大土地流转的政策扶持，引导农村土地流向职业农民，积极推进农业适度规模经营。

5. 促进务农创业教育开展

随着城市人口和工作压力的加大，人们逐渐开始选择去农村创业。新型职业

农民中一部分人已经为开展农村创业做好了各项准备，因此相关部门可以通过开展创业教育活动，吸引更多的潜在新型职业农民投身农村创业的事业中，培育提高农民的各项农业从业能力，促使他们成为新型职业农民。只有务农创业的教育全面展开，才能对在农村创业的农民更好地宣传创业的方法及关键问题，让在农村创业的人员尽可能少走弯路，在更短的时间里赚得更多的利益，从而使他们更快更好地转型为新型职业农民，为农村经济发展做出更大的贡献，为国民经济做出更大的贡献。

（二）紧跟时代发展需求，优化内部培育要素

1. 构建培训对象分类瞄准机制，"过滤式"分层培育对象

首先可以根据线上线下群体咨询、报名的情况，有效识别出目标对象。其次在确定了新型职业农民培育的总体对象范围后，开展培训前，需要进行广泛调研，充分了解这些人群的实际情况和需求，依据当地现有农村劳动力的年龄、学历、农村土地面积及流转面积，以及规模化和标准化生产情况等评估出培育新型职业农民的目标数量和人群。再次根据当地农业技术推广站、农民科技培训中心的教育承载能力进行调整，筛选出新型职业农民培育的潜在对象。最后按照指标数量以及培育对象的自身条件和需求，对新型职业农民潜在对象进行再次的"过滤式"分层。

2. 建立健全教育培训体系

要提高新型职业农民教育培训的有效性，需建立完善"一主多元"的培育体系，充分利用各地的"农业广播电视学校"、涉农科研院所和农业技术推广单位等公益性培训资源，统筹开展新型职业农民教育培训工作。激励有条件的现代农业园区及涉农龙头企业，建立专门服务于新型职业农民培育的实训基地、创业孵化基地和田间培训学校，培育创造就近学习观摩和实践创业场所。同时要运用先进的信息网络技术，建立新型职业农民信息化服务网络体系，有效衔接"12316"农业信息综合服务平台，为农民搭建灵活方便、智能高效的在线培育平台。完善新型职业农民认定管理办法和信息管理系统，建立新型职业农民培育信息档案，及时汇总登记培育主体的受教育程度、教育培训情况和培育诉求。

构建系统化的新型职业农民培训体系。在新型职业农民培育中，政府是顶层设计的主体，具有统揽全局的作用。第一，县级政府要根据本地农业发展的实际状况以及新型职业农民培育的现状，结合农民的规模及素质，制订出有地方特色的培育方案。第二，根据培育方案，合理配备师资、资金、设备等资源，逐步建

立以政府为主、农业院校和培训机构等为辅的培训体系，在实施过程中，根据地方状况和农民需求不断优化培训方案，保障资源的循环使用。第三，县级政府要对培育方案进行细化，鼓励培训机构、职教中心、农业院校等参与到培训中来，并根据性质分配相应的任务，明确职责划分，做到培训内容对农民公开、培训结果对农民负责，建立公开、透明的培训体系，使新型职业农民真正成为农村经济发展的主力军。

当前新型职业农民培育应以"农业广播电视学校"为主体，以"农业学校、农业企业、社区学院、乡镇成人学校及行业相关培训机构、乡镇二级农业技术推广服务部门"为二翼，组成"一主多元"的教育培训实施责任体系，打破原先农业院校、培训机构和推广机构各自为政、一事一训的传统农民培训格局。整合优势资源，围绕总目标进行职责分工，形成新型职业农民培育的强大合力。在培育实践中，部分地区正在夯实基础，积极构建该体系，但"一主"所扮演角色及"多元"中的有效参与格局有着明显的地区差异。

例如，某市的新型职业农民培育以"农业广播电视学校"为主体，依托行业技术推广部门、农业院校、科研单位、高技能人才培养基地，以及实训基地和农民田间学校，积极构建"一主多元"的职业农民培育体系。其中，"农业广播电视学校"在其中承担了核心的培育工作的组织，农业企业建立的73家农民田间学校也在积极参与并承担着部分培育的职责，但在多部门的配合参与中，农业类职业院校等部门的参与度还有待提升。其中，职业农民培育指导站等专门机构更多地承担了需求调研、培训组织、过程管理以及延伸服务等工作。与此同时，还应充分依托院校资源优势，利用涉农高等院校开展新型职业农民培育工作。此外，发挥生产经营型新型职业农民的连带作用，引导农业企业、合作社等多方参与培训，建设创业孵化基地和农民田间学校等实训基地。各承担培育任务的农业院校与省级新型职业农民培育示范实训基地要按照有实训场所、有设施设备、有管理团队、有科技示范户、有专家服务团队、有政策扶持的"六有"标准开展共建，从而为新型职业农民培育提供各类就近就地的便捷服务。

3. 建立政府主导、相关市场主体参与的多元培育网络体系

在培育过程中，一要充分发挥以政府为主导，企业多方积极响应的协同培训机制。政府主导并不代表政府全权安排，因此要明确形成政府部门与多方市场主体共同进行决策参谋的机制。二要形成政府部门与市场主体的合作共赢机制。市场主体的逐利性是他们的本质特性，是无法避免的，因此必须尊重市场规律，允许参与培育机构通过合法方式获得利润，构建起培育成果与市场利润的结合机制，

使培训质量与机构所获利润相挂钩，以此激励培训机构提高对培育质量的重视、提高他们的积极性。同时，可以根据职业农民考核的合格率、培训人员的满意度及从业情况等指标进行分级评定，对分值高的培训组织在税收减免、贷款优惠等方面予以鼓励支持，大力吸引农场主和企业等经营主体积极投入培训新型职业农民的建设中来。

4. 综合采取分类管理与精准培育相融合的举措

新型职业农民的培育必须把教育放在第一位，针对农村人员素质参差不齐的问题，必须对培育对象进行遴选、分类，并根据情况的不同制订出相应的精准培育方案，对症下药。第一，对初中文化及以下水平的农民，他们一般具有丰富的农业生产经验但理论知识不足，在培训中，应采取分享生产经验的方式去调动农民学习理论的积极性；第二，高中文化及以上的农民是培育的重点对象，要实行科学分流，邀请高水平高素质的教师进行授课，实现知识和技能的双突破；第三，对于高等院校毕业生或农学专业学生，要以田间指导为主、理论传授为辅，并注意培育过程中的方式；第四，对有意向回村的青壮年劳动力和愿意接受职业技能学习的群体，可以通过专题班、田间授课等形式进行培育；第五，对表现优异的农业生产大户和经营大户进行重点宣传，鼓励他们走出去交流和学习先进生产经验，从而激励更多群体加入培训的行列中，壮大新型职业农民队伍。

5. 完善培育内容、丰富培育形式

农民是一个特殊群体，不同背景、不同文化程度的农民对职业化转变培育工作的需求不同。对此，为了提高培训的质量，就培育内容而言，要根据不同类型的农民细化培训内容，强化针对性。农业现代化下农民职业分工逐渐深化，新型职业农民可分为生产经营型、专业技能型和社会服务型三种类型。这三种类型的新型职业农民在现代农业生产经营中发挥的作用不同，因此在确定培训内容时，要考虑到各个类型的职业农民自身的从业特点、能力素质情况，按照不同产业、层次和对象的多样化需求来细化培训内容。还要考虑农业技能课程和非农业技能之间的有效衔接，不仅要加强农业技术方面的培训，还要加强对农民经营管理能力、新技术运用能力等方面的培养。根据当地的发展情况和农民的实际需求，制定实用性的培训内容。第一，转变农民的思想观念，普及基础性教育。这主要包括：宣传农业在我国国民经济发展中的重要地位，让农民重视农业生产，并以从事农业生产为荣；传授农业的常识、技能、管理与法律知识，实现从内而外的改造。第二，增设市场营销、电子商务、网络销售技术等方面的培训，提高农民利用电商平台发家致富的能力，为乡村振兴战略的实施提供重要的物质支撑。第三，注重与实践相结合，培训内容必须根据农民的生产实践需要来制定，并在生产实践中检验、提高新型职业农民面对现代化市场的能力。

就培育形式而言，各地在实际操作过程中，可以构建多样化的贴合农民实际需求的培育形式。其中，最主要的是要采取理论教学与实践操作相结合的培育形式。培育新型职业农民，切忌只以课堂教学为主，而更应该深入田间地头。根据农业生产周期，在农闲时节安排集中的、系统化的理论教学课程，而在农忙时节，在田间地头、经营组织中安排农业生产、经营实践课程，从而进行精细化的操作指导。

此外，随着互联网技术的发展，也要注意构建"互联网＋"的培育形式，利用互联网信息化的大数据平台开展远程操作，通过网络课程、微信推送等方式，定期更新知识内容和政府政策信息，推动农民掌握先进的农业生产工具与种植技术方法等。

6. 细化培育考核指标，建立监督机制

为了实现乡村振兴战略目标，必须保障新型职业农民培育效果，建立强有力的监督考核制度。第一，制定明确的新型职业农民培育考核指标，将其纳入政府考核计划，将标准的实施细则及考核结果在政府网站公开，从客观上督促政府部门重视新型职业农民的培养和农村人才建设。第二，对各培育机构和职业院校实行"三步走"的考核方法，即年初定目标、年中盯进度、年末核效果，将考核结果与机构的招生规模相挂钩，对不合格的培训机构，缩小其招生规模，严重者取缔其办学资格并予以警告公示，对在考核中表现优异的机构，给予一定的物质奖励，促进培训机构的良性发展，为乡村振兴培育更多优质人才，推进农村经济发展。

（三）培育农民职业观念，加快提升农民综合素质

外部环境固然重要，但农民自身主体意识与地位的发挥也极为重要。

1. 推进农民思想观念升华，树立主体意识与责任

在把握农民习惯特征的基础上，引导农民审视与反思自身的保守思想和狭隘观念，促使农民产生主动服务于"三农"工作发展的整体布局，变"要我学"为"我要学"。通过加强社会主义核心价值观等教育，农民的价值判断力及社会责任感得到了增强，自身所应承担的责任也更加明确。

2. 不断推进农民能力素质升华，优化农村劳动力结构

通过职业教育与农村基础教育协调共进，培育者具备了一定的生产技能和职

业素质，推动着现代农业朝着专业化、标准化、规模化、集约化的方向前进。

3. 对农民进行互联网农业培训

随着网络教育的不断发展，网络学习平台的数量也越来越多，网络上的免费学习课程也越来越丰富，这为农民学习农业知识提供了便利，也满足了新型职业农民学习的需要。新型职业农民可以通过学习高质量的农业相关经营课程，学习相关农业专业知识，从而进一步提高自身的专业素养。通过联系相关权威部门定期组织专家学者团队对新型职业农民进行科学技术讲解，并通过与现场视频示范有机结合，研发出对新型职业农民有帮助的培训课程，进而更好地为新型职业农民进行互联网农业培训。

同时，在对农民讲授完互联网应用的相关知识后，还要及时跟进农民对相关知识的掌握程度，及时了解农民对新型农业知识掌握不牢的地方，通过收集相关信息，并采取相应有效措施对不足的地方进行改善，从而更好地使教授内容被农民理解，从而更好地发挥互联网培训的作用，更快更好地培育新型农民。

（四）丰富新型职业农民主体来源

1. 引导返乡创业的中青年农村劳动力参与新型职业农民培育

此群体具有一定的资金积累和知识储备，是新型职业农民培育的重点对象，要在充分掌握其从事农业生产意愿的基础上，给予政策倾斜和技术指导，将其培育成懂技术、会经营的新型职业农民。

2. 引导扎根农村从事农业生产的传统中青年农民参与新型职业农民培育

在充分了解其农业生产现状的基础上，有针对性地对从事农业生产的传统中青年农民开展系统化培训，引导扎根农村从事农业生产的传统中青年农民朝着农业现代化的方向前进，促使其成长为合格的新型职业农民。

3. 重点创建新型职业农民的准入机制

要求必须经过系统化的培训，获得资格证书后才能参与相关的农业经营与管理，同时还可以为新型职业农民提供一些优惠政策和经济扶持，提高一般农民参与相关培训获得资格证书的积极性。与此同时，还应该着重培养新型职业农民良好的精神风貌，在乡村区域打造文明乡风，通过思想政治教育、马克思主义教育等方式培养新型职业农民正确的观念意识与思维模式，增强职业道德素养。为新型职业农民营造良好的技术创新、产业创新的环境氛围，给予一定的资金支持、基础设施支持、技术支持，在培养创新能力的同时，使其按照乡村振兴发展需求积极创新产业技术与经营方式。

　　还需注意的是，在培育新型职业农民的过程中，还应该转变之前的农业发展模式，创建长效机制，争取能够留住新型职业农民人才，尤其是从事农业事业的青年人职业群体，如果不能创造合理的工作条件，则很容易出现人才流失的现象，因此，应该积极构建相关的人才培育制度，制定相应的经营风险防控模式、农业灾害风险基金等，为新型职业农民提供更多的经济支持与补贴，在增加经济收入的情况下增强人才的归属感。同时还需按照当地区域的情况，结合农业生产特点、产业发展特色等，构建理论与实践一体化的培训体系，争取能够在新时期的环境中利用多元化、全面性的方式培养更多人才。

　　因此，培育新型职业农民是实现农业现代化的必然选择，为了确保粮食安全、提高农副产品的市场竞争力，必须深入推进新型职业农民培育工作。要牢固树立科教兴农、人才强农、新型职业农民固农的发展理念，坚持政府主导、市场机制、立足产业、精准培育的基本原则，因地制宜、因材施教地开展新型职业农民培育工作，为农业现代化和乡村振兴战略的实施提供充足的人力资源。

第三节　新型职业农民素质

　　新型职业农民最鲜明的特征是高素质。目前，关于新型职业农民的道德缺失、失信、违规和农产品安全等问题屡屡出现，职业农民的职业道德、价值观、可持续发展方面理念的意识面临严重挑战。因此，为了农村经济发展的总体要求，新农村的旧貌换新颜，需要结合新型职业农民培养的现实状况，注重从职业道德等方面对新型职业农民进行有效引导和培育，从而加快农业现代化建设。

一、新型职业农民素质的主要体现

（一）要有"爱农""强农"意识，并具备诚信观念

　　这是新型职业农民的职业操守。新型职业农民不但要有高度的"爱农""强农"意识，更要有把土地视为生命的热情，还要有强烈的向土地要财富的理念。诚信观念是新型职业农民要有将土地永续经营的意识，"爱农""强农"意识及其诚信观念要求新型职业农民用自己对土地的热情和大爱精心耕耘，做出成绩。

（二）要有农业素质和良好的素养

　　农业素质是新型职业农民具备的基本素质，包括专业知识、科学操作的技能、

相关政策及法规等。农业素质要求农民在遵守可持续发展理念的前提下掌握知识和技能。素养是新型职业农民应具备的内在素质，也是职业发展过程中应具备的工作态度。新型农业重视服务的质量，这就需要农民不断地提升自身的素质，适应新型职业的要求。农民无论从事哪一种新型农业，都要遵守该行业的职业道德。以新型农业来说，农民要承担起保护农业生态环境的职责，再进行绿色生产、安全生产。

（三）要有新思维，即创新能力和开展特色农业能力

新型农业的发展对农民的专业基本能力有较高的要求。这是新型职业农民的核心技能。在当今"大众创业、万众创新"的背景下，新型职业农民创新创业素养显得尤为重要，所以要积极鼓励新型职业农民自主创业，并且要有创新的项目和产品带动周边群众共同发家致富。政府要有积极的政策和措施对创新创业农民进行有效激励。

思维能力，能够帮助农民从农业现象认识到事物的本质，并找到解决的方法；创新能力，主要指对创新农业进行实践，采用新的方式来推动新型农业的发展；学习能力，主要指将农业理论学习和实践结合起来，提升自身的专业技能；信息技术运用能力，主要指农民要合理地运用信息技术，搜集并分析新型职业的信息数据。

（四）要有主体意识，适应市场的竞争

发挥农民市场主体作用的现代农业，就是要求农民要具有主体意识，而且有坚持不懈的意志，对自己所从事的农业充满热爱，全身心地投入自己的生产和工作中，一旦确定目标，就要集中精力，想方设法去实现，不轻易放弃，努力坚持。新型职业要求广大农民具备营销、管理、财务、市场等方面的知识和技能。农民在新型职业中不仅扮演着生产者的角色，还承担着经营者与管理者的任务。

现代农业需要农民融入农产品市场交易中，为了不断提高农产品市场竞争力，这不仅要求新型职业农民具备市场竞争的意识和能力，能清楚地了解自身的产品或服务的市场优势或不足，同时也要掌握准确分辨并了解竞争对手的方法和计划，在此基础上取长补短，不断改进、提高自身产品质量和服务品质，凭借优良的产品和服务提高自身核心竞争力，在与竞争对手较量中建立优势。

（五）要有高素质，即懂得科技、文化知识并能有效经营

新型职业农民既要掌握一定的科学技术知识、劳动经验和生产技能，又要具备一定的文化知识和基本文化能力。这是新型职业农民的基本技能。懂科技是指

作为新型职业农民要掌握先进的农业生产技术专项技能，对现代农业科技具有敏锐的领会能力，并能将农业科技成果进行转化，这样才能真正提高农村农业生产力。有效经营是指作为新型职业农民应该掌握现代农业经营管理方式，善于从事经营种植业、畜牧业等农业产业及非农产业。掌握农业产业化经营、市场营销等管理知识，善于把农业和第三产业进行有机融合，全方位拓展增收渠道，用可持续发展的理念来发展农业。

另外，农业产业化经营的综合素养也是新型职业农民的必需素质。科学化、工业化、集约化、市场化和社会化的现代农业，首先要求农民具备相关的专业知识，非常了解所从事的行业产品性能及其生产加工过程，熟练掌握农业生产的专业技术，能利用专业知识分析、解决在生产经营中的相关问题；其次要求农民具备市场开拓与决策能力，能了解行业及市场运作的基本规则，根据市场需求和变化趋势，确定生产经营目标，能与客户、行业协会及中间商进行业务洽谈，获取订单；最后要求农民具备开辟创新与冒险精神，对新的知识、技术或方法有较大兴趣，处理新的问题时敢于打破常规，勇于大胆设想、尝试、改造、变革和颠覆传统农业。

（六）要有可持续发展的农业生态与环境保护意识

农业现代化的目标之一就是要实现农村生态环境的改善，实现农业的可持续发展，这就要求农民具有生态保护和节约自然资源意识，在生产经营活动中要时刻注意到环保的要求并且为了达到相应的环保目标而采取相关措施，不仅要重视专业技能的提升，还要了解国家在农业农村环保方面的政策措施，积极应对农业环境保护问题。

二、提升新型职业农民素质的理论基础

（一）马克思关于人的全面发展理论

1848年2月，马克思、恩格斯在《共产党宣言》中首次提出"共产主义是这样一个联合体，在那里每个人全面而自由的发展是一切人全面而自由发展的条件"，这标志着马克思主义关于人的全面发展思想的初步确立。马克思、恩格斯相信，在人类社会发展的最高阶段即共产主义社会，每个人的发展都应该是全面充分而自由的。

马克思认为，人的全面发展包含了各种能力的全面发展、各项社会关系的全

面丰富及个体个性的充分发展。人的能力是智力与体力的结合，它客观存在于个人的身体中，作用于在生产中具体价值的现实生产活动中；人的能力的全面发展应该包括人的自然能力和社会能力的共同发展、体力和智力的协调发展，以及各项社会关系的全面丰富。马克思认为，人的本质并不是单个人所固有的抽象物，而是一切社会关系的总和；个人的全面性不是想象的或设想的全面性，而是其现实关系和观念关系的全面性。因此，人的全面发展不能简单等同于个人能力或素质的发展，还应包含在人的社会关系的协调和发展上。个体个性应得到充分发展。个体个性的发展包括个体的兴趣、理想、需求等得到足够的尊重和满足，体力和智力水平得到充分发展，性格和气质不断趋于完善，自身发展和社会需求相得益彰。随着社会经济的不断进步，个体个性充分发展的重要性越发为人们所熟知，追求个性解放与个性化发展成为当代人们的重要生活目标和社会存在感。

新型职业农民素质培训是一项旨在提升农民综合素质、促进人的全面发展的系统性工程，应该坚持以马克思主义关于人的全面发展的理论为指导，立足于人的全面发展与个性化需求的实现，针对新型职业农民的特殊性，不断优化培训模式和培训课程，不断壮大培训师资队伍，进一步满足新型职业农民多样化全面发展的需求，促使新型职业农民素质培训工程得到有力推进，从而取得更大成效。

（二）马克思主义关于劳动价值的理论

马克思主义关于劳动价值的理论包含着丰富的内容，但"人类抽象劳动是创造价值的唯一源泉"是其核心思想，贯穿于整个劳动价值理论的始终。价值本身除了劳动本身没有别的任何物质，无论是剩余价值还是其他形式的利润、利息、地租等，都源于雇佣工人的剩余劳动，尽管其他物质性生产要素（如土地、房屋、机器设备等）在价值形成过程中发挥着作用，但是抽象劳动才是价值的唯一源泉，社会的进步与经济的发展都离不开劳动者的劳动，即劳动创造了人和人类社会。从理论意义上讲，马克思主义的劳动价值理论高度重视社会生产过程中人的重要价值，认为劳动者的活的劳动创造了价值，推动着社会不断发展进步，其本质在于倡导解放劳动、尊重劳动和保护劳动产品，充分肯定了人的劳动对社会生产的极其重要的作用。

从实践意义上看，在中国特色社会主义新农村建设与农业农村现代化发展过程中，农民群体既是主要参与者也是重要推动者，农民群体的综合素质直接关系着新农村建设与农业农村现代化发展的进程，新型职业农民素质培训事关国家粮食安全、国家乡村振兴，是关乎国计民生的大事情。鉴于此，应该始终坚持"以人为本"和"以人民为中心"的发展理念,尊重劳动,尊重知识,尊重人才,尊重创造的方针,积极开展新型职业农民素质培训工作,有效提升农民的思想道德素质、科学文化素质以及经营管理素质等,为社会主义新农村建设和农业农村现代化发展提供强有力的农村人才支撑,力争创造更多的价值,促进农业生产高效和农民增收。

(三)中国共产党关于农民培育的思想

农民问题是我国"三农"问题的核心,中国共产党始终代表着最广大人民的根本利益,自成立之初就高度重视农民问题。长期以来,党和国家领导核心高度重视农民培育工作,并形成了一系列关于农民培育的思想理念,为我国新型职业农民素质培育工作的开展提供了坚实的理论基础。

1. 毛泽东关于农民教育的思想

毛泽东一生都重视解决农民的问题,并提出了关于农民教育的一系列重要思想,主要包括这四个方面。一是"严重的问题是教育农民"。中华人民共和国成立前夕,毛泽东在《论人民民主专政》一文中提出了"严重的问题是教育农民"的著名论断,深刻阐释了农民教育的重要性与必要性。二是农民教育与生产实践相结合。抗战时期,毛泽东提出了"以教育促生产,以生产促教育"的主张;中华人民共和国成立之后,毛泽东进一步丰富和发展了"教育与生产相结合"的内涵。三是农民教育应采取"灵活多样、符合农民生活实际"的方式,创造农民自己的学校和适合的教育模式。四是农民教育应基于农民的自觉和自愿原则,充分调动农民的积极主动性。这些思想逐渐成为我国在农民素质教育培训方面的重要指导原则。

2. 邓小平关于农民教育的思想

作为中国改革开放的"总设计师",邓小平高度重视农民教育问题,充分认识、阐述了农业发展与农业劳动者文化程度及农业技能的重要关系。邓小平提出了"农业的发展一靠政策,二靠科学""没有科学技术就不可能建设现代农业"等著名论断。同时,邓小平将思想政治教育放在农民教育的首位,引导农民树立科学、进取的思想理念,正确的价值观念和思维方式,使其成为社会主义的新型农民。此外,邓小平继承和发展了"教育与生产相结合"的理论,并积极将"教育与生产相结合"的理论成果运用于农民教育和培训的伟大实践,推动我国农民教育培训取得了显著的成效。

3. 江泽民关于农民培育的思想

以江泽民为核心的中央领导集体高度重视农民问题，积极探索"三农"问题的化解之道，逐步形成了一系列重要思想，并产生了积极而深远的影响。一是高度重视农业农村问题。江泽民在党的十四大报告中提出了"农业是国民经济的基础，必须坚持把加强农业放在首位，全面振兴农村经济"的重要观点。农业基础是否巩固，农村经济是否繁荣，农民生活是否富裕，不仅关系到农产品的有效供应，而且关系工业品的销售市场，关系国民经济发展的全局。二是积极推进科教兴农，培养高素质专业化的农业劳动力队伍，主张依靠提高农业科技含量及能源资源利用率，逐步转变农业经济的增长方式。三是切实保障农民的切身利益。江泽民同志认为，中国的农业问题、粮食问题要靠中国人自己解决，必须通过在经济上充分关心农民的物质利益，在政治上切实保障农民的民主权利，从而调动广大农民从事农业生产经营的积极性与创造性。

4. 胡锦涛关于农民培育的思想

以胡锦涛同志为总书记的党中央将"三农"问题摆在更为突出的重要位置，将"三农"问题的解决作为党执政兴国的重点工作，形成了一系列农民培育的思想主张。胡锦涛同志在党的十六届三中全会中提出了"促进经济社会和人的全面发展"的观点，在党的十七大报告中强调要"深入贯彻落实科学发展观"，为农民培育工作奠定坚实的理论基础。科学发展观坚持"以人为本"的原则，强调全面协调可持续发展，积极谋求经济社会与人的全面发展。新型职业农民培育应该以科学发展观为指导、坚持以人为本的基本理念，根据农民发展的实际需求，着力提升农民的综合素质，逐步实现农民的全面发展。此外，农民在农村生产诸要素中最为活跃，对农村经济社会发展起着非常重要的作用，农民素质关乎农村与农业发展全局，因此新型职业农民培育既是农业现代化发展的客观需要，也是统筹城乡社会经济发展的应有之义，具有极其重要的作用和意义。

5. 习近平关于新型职业农民培育的思想

习近平总书记高度重视"三农"工作，强调"中国要强，农业必须强；中国要美，农村必须美；中国要富，农民必须富"，提出了自己心中的"三农观"。其主要观点有以下三点。①农业强：农业强，必须依靠科技进步，走中国特色现代化农业道路；农业强，必须深化农村改革。②农民富：农民富，一个都不能少；农民富，要推进城乡发展一体化；农民富，要提高农民素质，培养造就新型农民队伍；农民富，改善基础设施条件很重要。③农村美：建设美丽乡村；推进农村公共服务体系建设。

习近平总书记非常重视新型职业农民培育，在不同场合多次提及新型职业农民培育问题，对社会主义新农村建设和农业现代化发展产生了深远影响。2012 年，中共中央、国务院印发的《关于加快推进农业科技创新持续增强农产品供给保障能力的若干意见》提出了"新型职业农民"概念，习近平总书记对培养新型职业农民提出了要求。2013 年习近平总书记视察山东省农业科学院时提出："要适时调整农业技术进步路线，加强农业科技人才队伍建设，培养新型职业农民。" 2013 年的中央农村工作会议上，习近平总书记提出："要提高农民素质，培养造就新型农民队伍，把培养青年农民纳入国家实用人才培养计划，确保农业后继有人。" 2017 年，习近平总书记在参加"两会"四川代表团审议时指出："就地培养更多爱农业、懂技术、善经营的新型职业农民。"这与其先前表述一脉相承："农村经济社会发展，说到底，关键在人。要通过富裕农民、提高农民、扶持农民，让农业经营有效益，让农业成为有奔头的产业，让农民成为体面的职业。"

总之，中国共产党立足于中国国情，在谋划解决农业、农村、农民问题的过程中，始终高度重视农民的培育，把农民教育培训问题提高到关系中国革命、建设改革和现代化最终实现的战略高度，从而为新时代进一步加强新型职业农民素质培训提供坚实的理论基础。特别是进入中国特色社会主义新时代，以习近平同志为核心的党中央更加重视"三农"问题，并将新型职业农民培育提升到了一个新的高度，围绕着如何让"农业更强、农民更富和农村更美"提出了一系列新思想、新论断和新理论，构成新时期新型职业农民培育的基本指导思想。

三、提升新型职业农民素质存在的问题

（一）科学知识方面的问题

新型职业农民对科学知识与科学技术有着十分重要的要求，新型职业农民需要拥有一定的文化水平、专业知识，以及掌握一定的科学技术。只有这样才能够更好地开展新型农业事业的发展。当前我国农民整体文化水平偏低，受教育程度普遍为初中或高中，缺乏大专和本科学历的农业人员。少部分学历较高的新型职业农民多从事与技术类相关的农业生产环节，大部分新型职业农民的文化水平以及专业知识还无法达标，所以农民文化专业培养教育仍需大力推行。

（二）思想方面的问题

关于新型职业农民素质提升方面，部分地区农民思想还较为陈旧，在思想观念上有些保守与落后。这主要体现在他们的小农意识过强或是有着从众的心理，特别是从众心理在农户当中十分普遍。一般是别人尝试耕种新的农作物产品时先进行观察，看别人新品种的收成和经济效益是否良好，再进行效仿。这样谨慎的行为固然稳妥并降低了风险，但是也容易错失机会。还有一部分的农民往往习惯于依赖自己的经验，通过自己的农业耕种经验进行传统生产，不愿意接受新的事物，有着很强的排他性，对市场经济以及现代化农业设备或是经营模式不信任，这就使他们停留在了自给自足的小农意识里，缺乏了尝试进取的精神。

四、提升新型职业农民素质的策略

（一）政府部门要发挥主导作用

政府部门要在提升新型职业农民素质上发挥主导作用，具体可以从以下四方面着手。首先，要建立新型职业农民的培训机构，为全省各个县的新型职业农民开展服务。在具体培训时可以采取"线上＋线下"的方式，让农民能够随时随地参加培训。政府部门要对新型职业农民培训的课程与资源进行有效整合，针对不同区域、不同发展程度的农村人员给予培训支持。其次，要制定出有利于提升新型职业农民素质的相关政策。政府部门要围绕新型职业农民的要求，制定出相关的激励政策。对在推动当地农村经济发展过程中起到一定作用的农民，相关部门应给予奖励，在社会中树立引领示范的典型。再次，要建立惠民的扶持政策。政府要鼓励贫困农民加入新型职业农民中，为贫困农民提供扶助性政策，让贫困者能够在农业发展中体现自己的价值。最后，政府部门要对新型职业农民发展增加资金和设备投入，确保提升新型职业农民素质的工作有充足的经费和设备做保障。

逐步组建和完善省、市、区县级政府层面的领导机构，协调社会相关部门，统筹新型职业农民素质培育工作。实行工作例会制度，研究制定教育培训、认定管理与政策扶持等制度，做好顶层设计工作，管控培育目标和绩效。

（二）树立"爱农""强农"意识

在今天的农村，随着人口老龄化、"空心化"加速，年轻人都纷纷外出打工，

"谁来种地""如何种地"是目前亟须解决的问题。"'70后'不愿意种地、'80后'不会去种地、'90后'不想提种地"已成为普遍现象。究其原因，首先，他们普遍认为农民是一群低收入、低地位的农业农村群体；其次，农村青壮年外出打工的工资收入远远超过从事农业的收入。针对这一现象，政府要出面解决问题，可以通过树立现有农民专业合作社骨干、青年农场主典型带动大批农民扎根农业，爱上农业，帮助农民树立"爱农业、爱农村"的职业意识，并将"工匠精神"贯穿其中。把实施乡村振兴战略摆在突出位置，强化乡村振兴人才支撑，积极培育乡村多层次人才，着力培养造就"懂农业、爱农村、爱农民"的"三农"工作队伍。

（三）巩固农村基础教育，夯实文化基础

农村基础教育的质量直接影响当地农民的素质，对新型职业农民的培育起着十分重要的作用。经过脱贫攻坚，我国农村的基础教育水平得到了较大的提升，但相较于城镇发达地区的基础教育依然存在差距。因此，地方政府要持续关注农村基础教育的发展，提高农村教育的质量，强化农民受教育的理念，为乡村振兴战略的实施奠定良好的基础。

夯实文化基础，拓宽职业能力。文化素质是构建新型职业农民素质培育体系的关键。农民文化教育水平直接影响农民整体素质的提升，进而影响新农村的建设。首先，通过推动人才振兴战略，确保人才扶贫和人才队伍建设相统一。人才扶贫主要是指提高对乡村人才培养的重视程度，开展农村人力资源建设和加大培训力度，将更多"草根"转变为"土专家""田秀才"和"本土能人"。其次，还要加大种植养殖能人、创业致富带头人等农村实用人才力度的培育。积极开展灵活多样的"融资＋融智"农产品产业培训和农民实用技术培训。最后，建设优秀人才队伍，把推动"全国基层农业技术推广体系改革创新试点"作为契机，组建人才服务团队，鼓励城市退休人才返乡发展乡村建设。开展科技指导培训，选派专业技术骨干"送教上门"。

（四）加强道德约束，增强社会责任感

道德约束包括职业道德和思想道德素质约束。职业道德是指从业者在他们的职业运行中必须遵守的行为准则的总和。首先，职业道德为从业人员提供了一个道德框架，以识别和解决他们自己与他人、环境三者的道德冲突；其次，职业道德为从业人员提供了一个机会，通过有意识地引导其遵守职业道德，提升主体能

动性。当今消费结构不断升级，农产品是否安全是消费者更加关注的问题，消费者对生态、健康和环保的绿色有机食品的需求日益增加，农业产业结构由量变到质变。作为一名新型职业农民，应当具备强烈的绿色环保意识，保障农产品的质量安全。种植无公害绿色粮食，在种地过程中不使用化肥、农药等，只是通过施加有机肥和人工除草来满足农作物的生长需要。实现生态种养殖，生态种养殖的职业理念应当作为当前新型职业农民最重要的职业操守。另外，在农业生产领域方面，国家必须提高农产品质量安全和检查力度，对违反者实行零容忍；在内在的约束方面，农民必须对农产品提高安全意识，提高内在动机，建立"优质优价，只有保证农产品质量才能强农固农"的责任感，加强"职业人"的职业道德教育。

巩固思想道德素质，新型职业农民应具备一定的道德品质、学习精神、奋斗精神等思想道德范畴的素质。新型职业农民不但要保持对生活、对知识不断获取的能力，还要有积极乐观的人生态度。这样才能成为有理想、有道德、有进取精神和创新精神的现代化职业农民。新型职业农民素质的提高是一个长期的过程，而不是靠一个政治宣言就可以立即实现的，各级政府要把提高当前职业农民的道德素养作为首要问题来抓。

同时，新型职业农民还要有良好的农业从业态度、社会责任感等。一要培养农民对家乡深厚感情的农业从业态度。把树立农民参与农业种植的职业感、建设农村的使命感放在突出的位置。二要培养新型职业农民的社会责任感，在生产经营过程中，应使农产品拥有高产、优质、高效、生态、安全等保障。随着消费者需求结构的不断升级，农产品的供给要侧重需求方的多样性，供给商品主体要满足消费者日益关注的安全、健康、环保等绿色和有机食品的需求。这就需要具有强烈社会责任感的新型职业农民加快农产品结构从数量向质量提升的转变，从而不断地推进现代农业的可持续发展。

（五）重视科技素质，树立现代观念

农民培育要因人制宜，有针对性地对其进行组织培训。由于农民的科技水平不同，必须分类对其进行科技指导。另外，农民工技能培训要有针对性、实用性，培训形式也要灵活多样。在农民培育过程中，可以从当地的种田大户、优秀的组织开始培训，并通过对他们的培训，辐射周边群众。扶持先进组织带动职业农民发展是一条积极可行的路径。各级政府要积极扶持相应的组织，发挥其引领作用。例如，澧县锦绣千村城头山产业园就是一个很好的典范。锦绣千村在全国"三八

红旗手"、合作社理事长龚佑琼的领导下，搭建了"供销合作、生产合作、信用合作、教育培训"四大服务平台，构建了县、镇、村农业社会化的三级服务体系，并提供"全程、多元、高效"服务的运行情况，对现代农业发展发挥着示范引领作用，带领农民脱贫致富，得到省委领导的高度赞扬和肯定。新型职业农民的培育就需要多个优秀的组织和团队来引领。

科技引领发展，重点表现在农业农村建设和发展中。走农业组织化、规模化、品牌化道路，可以更好地推进现代特色农业全产业链发展、"三产"融合发展。首先，职业农民作为生产和经营过程中的主体，要想在现代农业生产中提升农村经济水平，必须具备基本的种养殖能力、科技创新及应用能力、资源整合和组织管理及市场运作能力等。其次，政府要鼓励和支持有条件的涉农企业、农民合作社等市场主体，树立现代观念，积极通过科技手段参与市场竞争，切实发挥市场机制的作用。最后，提升新型职业农民科技素质同样需要社会资金、人力、宣传等支持。在现代化新型职业农民科技素质培育理念形成的基础上，最终实现农业生产增收的目的。

（六）强化生产经营素质，提升经营管理能力

新型职业农民生产经营素质是农民能否致富、能否参与市场有利竞争的关键。如今面对大市场开展生产经营活动的模式，是从传统单一自给自足的小生产模式过渡到规模化大生产模式，并逐渐发展出来的。生产经营模式的不断演进也要求现代农民的生产经营素质一定要与现代化大市场相对接。如何达到有效对接，就需要在具备农业生产经营管理、市场营销、产品推广、专业技术等能力的前提下，拓宽新型职业农民在市场需求、生产技术上的知识体系。在此基础上，新型职业农民在不断更迭的市场竞争中，才能获得更好的经济效益。

新型职业农民较传统农民最大的区别就是要具有较高的经营管理能力，能管理好一个民宿、一个产业、一个团体。因此，要将他们从传统的纯体力劳动中解放出来，提升农业经营管理能力，掌握更多的企业运营和产业规划的专业知识，学会以思想的改变和技术的掌握来优化产供销方式，为农业产业发展创造更大的经济效益。

（七）推进农业职业教育和思想政治教育

农业职业教育是农民掌握一技之能的重要保障，是传统农民转变为新型职业农民的重要途径。因此，要大力推进农业职业教育，让农村学生充分认识职业教

育的重要性，为农民职业的选择和科技水平的提高打下基础。除此之外，还要在农村以不同渠道和方式频繁开展职业技术教育，让农民尽快掌握用技术提高生产力和以科技致富的本领。

通过现代信息化教学手段不断健全农民思想政治教育。依托网络平台，使农民方便地利用网络获取自身所需的各种优质资源，满足其不断增长的学习需求。建设基层服务平台，畅通新型职业农民群体表达政治诉求的互联网渠道，鼓励农民参加乡村政治活动，使政治情感更加深入人心，进而在实践中不断地实现村民政治素质的稳步跃升，为乡村振兴战略的实施提供强大的精神动力和思想保证。

（八）着重培养创新的思维和意识

创新思维和能力是对新型职业农民的一项硬性指标。这就要求培训机构要不断创新培训形式，采取课堂理论授课和田间地头实训紧密结合，甚至是"走出去"来开阔视野。例如，某市先后组织了 16 名新型经营主体带头人赴韩国、日本等地参加培训，组织全市 50 名农业龙头企业负责人到中国农业大学培训。又如，澧县组建了学制为期一年的新型经营主体培训班，并每两个月进行一次 3～5 天的集中培训；某市组织农业生产大户"走出去"到河南考察蔬菜产业发展情况，进一步提升他们的企业创新能力，充分发挥带头引领作用。培训机构还成功地将"双创"具有丰富经验的生产经营型、专业技能型、社会服务型等新型职业农民群体充实入师资队伍，积极发挥"传、帮、带"的作用。

（九）完善培训体系，创新培训形式

对新型职业农民的素质提升还需要一个完善的培训体系，只靠农村的基础教育是不够的。需要相关部门与农业相关的教育学校通力合作，建立健全完善的农业培训体系。将农业院校、农民合作社、农业科研所以及农业企业等一系列资源进行整合。首先，对新型职业农民的素质提升要具有针对性及创新性，根据地区的发展情况和农业市场需求因地制宜地开展培训教育工作，制定合理的农业教育培养方案，加强农业机器设备使用的技术培养，安排专业人员对新型职业农民定期进行农业技术讲座。对农民在日常农作时出现的问题进行解答，并提高农民的管理意识与经营水平。可以采取互相观摩、互相学习的模式，各地各农户之间相互进行交流或到地头田间进行实地考察，吸取他人优秀的经验。最重要的是提高农民的农业技能素养，改变农民传统的思维模式和农业经营观，增强农民对新

型农业模式（如设备农业、观光农业）的适应能力。

　　在新型职业农民接受了一段时间的培训教育后，需要对他们进行考核，从而考察农民在学习当中是否真正地学到了专业知识和专业的管理经验。通过建立学分制度，对不同的农业课程的难度制定不同的学分。当每一项课程讲授完后安排进行考试，对考试合格的农民发放新型职业农民资格证书，以此来促进农民的学习积极性。各级各类"农业广播电视学校"可以发挥自身优势，"走出去，靠上前"地对农民进行职业培训。

第三章　新型职业农民互联网创业发展

现今社会，改革的浪潮正在深入推进，针对农村的改革也如火如荼地进行，聚焦"三农"政策，整合城乡发展，支持和鼓励农民就业创业，拓宽农业增收渠道已成为新时代下农村发展的主旋律。现在的农村迫切需要新产品、新技术、新思路的指引和支持，借助互联网思维，促进农民创业增收，显得尤为重要。

互联网技术在农村地区的广泛推广，有利于进一步打破城乡二元结构、激活城市与农村市场的双向流动。新型跨境电子商务平台的出现，为农村青年创业提供了机会和空间，结合国家"一带一路"倡议，依托 B2B、C2C、B2C 等平台参与国内外贸易活动，逐渐形成了以"平台创业""政企合作""资源整合"为代表的电商创业模式。

本章主要论述了新型职业农民互联网创业发展，分别从新型职业农民互联网创业理论研究、新型职业农民互联网创业现状和困境、新型职业农民互联网创业优化路径、新型职业农民互联网创业素养四方面进行了详细介绍。

第一节　新型职业农民互联网创业理论研究

落实创新驱动发展战略、全面深化科技体制改革的中心任务是促进科技与经济的紧密结合。农村科技创业是通过创业的方式把科技直接带到农村生产经营活动中去的。在"大众创业，万众创新"的时代背景下，农民创业是推动农业发展的重要途径。创业不仅能为企业谋利益，也能为所有的参与者和利益相关者创造、实现价值，或使价值再生。研究在"互联网+"时代背景下，如何将"互联网+"概念融入农民创业中来，从而有效推进农民创业的发展，显得格外重要。

一、互联网创业相关概念

（一）创业

创业是一个动态化的过程，在此过程中充满不确定性，涉及多个方面的活动内容，因此学界内关于创业这一概念尚无明确的定义。目前，关于创业的定义主要从以下关键词展开：能力、机会、特质等。有学者指出，创业其实是一种突破现状的创新以及预测能力，基于这种能力，创业者能够准确地获取市场相关信息，并从中套利。机会观点认为，创业是从市场中发现、利用并转化资源为己用的机会。特质观点认为，创业者之所以能够成为创业者，是由于其具有首创精神、坚持、灵活、乐观等特质，并拥有在市场中准确把握机会的能力。当然，也有学者从综合层面对创业进行了定义，如杰夫里·提蒙斯在其著作《创业创造》中，将创业定义为个体通过自身的努力，将自己所拥有的一切资源进行整合，从而创造出更大经济和社会价值的过程。高德纳将创业定义为个体在组织与环境的综合作用下实现创新的过程。

国内的一些学者也从自己的角度对创业这一概念进行了定义。如郁义鸿指出，创业其实是个体发掘潜在机会并将机会转化为现实价值的过程。宋克勤认为，创业是创业者通过发现创业机会，整合相关资源，创造出产品和服务的过程。综合所述，创业的本质在于对原有经济活动的调整和改进，只要是对原有经济活动进行调整，并利用这项调整创造价值的均属于创业的范畴。创业被定义为识别、评估和利用机会的过程，它是推动经济发展的重要动力。

创业，既有创办企业的含义，也有创办事业的含义，所以创业不仅指企业家创办企业，也指个人开拓自己的事业。创业是创业者对自己拥有的资源或通过努力对能够拥有的资源进行优化整合，从而创造出更大经济或社会价值的过程。创业是一种需要创业者组织经营管理，运用服务、技术作业的思考、推理和判断行为。根据杰夫里·提蒙斯所著的创业教育领域的经典教科书《创业创造》的定义：创业是一种思考、品行素质、杰出才干的行为方式，需要创业者在方法上全盘考虑并拥有和谐的领导能力。

（二）互联网

互联网最早起源于 1969 年美国的阿帕网，它是美军在美国国防部高级研究计划署（ARPA）制定的协定下，先用于军事连接，后将美国西南部的加利福尼亚大学洛杉矶分校、斯坦福大学研究学院、加利福尼亚大学和犹他大学的四台主要的计算机连接起来。另一个推动互联网发展的广域网是美国国家科学基金会网，它最初是由美国国家科学基金会资助建设的，目的是连接全美的 5 个超级计算机中心，供 100 多所美国大学共享它们的资源。

互联网产生的社会影响包括多个方面。从经济影响来看，互联网对世界经济发展的贡献率已超过 8%，对发展中国家的贡献率已超过 15%；从社会影响来看，互联网的发展极大地降低了交流和沟通的成本，为人与人（组织）之间的交流提供了良好的工具；从文化影响来看，互联网技术的发展极大地加强了不同民族文化之间的交流与碰撞，深刻影响了人类历史文明的发展进程。然而，需要指出的是，互联网正如一把"双刃剑"，在极大促进经济发展、深刻影响社会和文化发展的同时，也存在诸如虚假信息、网络欺诈、病毒与恶意软件、数据丢失、黑客攻击等弊端。此外，互联网技术在提高经济发展速度、改善信息获取效率的同时，也给不同农户带来了信息获取机会的差异，诸多学者将这种信息化导致的信息获取机会不平等称为"数字鸿沟"，并将"数字鸿沟"划分为"一级数字鸿沟"和"二级数字鸿沟"两个维度，前者在于"设备接入"的差异，后者在于"信息利用"的差异。所谓"设备接入"差异是指互联网的接入（或使用）与否的差异，"信息利用"的差异是指个体对互联网利用能力的差异。诸多研究表明，"信息利用"差异对个体行为或者经济价值的创造影响更加显著。

互联网自 20 世纪 90 年代进入商用以来迅速拓展，已经成为当今世界推动经济发展和社会进步的重要信息基础设施。截至 2018 年 12 月，全球已有超过 41 亿的互联网用户。在世界各大洲中，亚洲是互联网用户最多的大洲，占全球互联网用户的 49%；在世界各国中，中国是拥有互联网用户最多的国家，截至 2020 年 6 月，中国网民规模达 9.4 亿，相当于全球网民的 1/5，是美国的两倍多；互联网普及率达 67%，约高于全球平均水平 5 个百分点。

（三）互联网创业

作为互联网技术与创业活动相结合的一种新现象，互联网创业已成为创业发展的新形态，正在深刻地改变着经济增长方式、实体经济形态和产业布局。根据中国信息通信研究院的统计，2020 年我国互联网经济规模达 39.2 万亿元，所占国内生产总值比重超过了三分之一，互联网创业活动在其中发挥了关键作用。互联网创业是一个典型的跨学科现象。从实践视角来看，互联网创业的蓬勃发展既依赖于大数据、云计算、人工智能等互联网技术的崛起，也得益于我国近几年兴起的"大众创业，万众创新"热潮。

互联网创业以电子商务为主，电子商务是以网络为基础的商务活动的总称，包括网络零售、网络社交、网络企业商务、网络信息服务和网络政务等，也可以根据用户角色分为 C2C、B2B、O2O、B2C、B2G 等不同的电商模式。

互联网的发展势头，让创业更加快速和高效。如拼多多的黄峥，仅用了 4 年时间就把销售额做到了万亿元，自己身价也突破 1000 亿元。张一鸣，带动字节跳动有限公司，创立了今日头条、抖音等新媒体，影响着我国乃至世界的新媒体格局。

互联网创业形式有网络零售、自媒体、短视频、网络直播、互联网应用开发等，越来越多的创业者把互联网应用到传统行业进行变革和创业。

二、互联网创业基本理论

（一）互联网创业的特征

互联网技术塑造了创业实践的新特点。一方面，从创业过程来看，互联网技术强化了创业活动的灵敏性、互联性与开放性。有学者认为，企业通过互联网技术，可了解客户的需求和不断变化的环境，从而识别有价值的新机会。在此过程中，企业变得更加灵敏，并且具备更强的环境适应能力与动态迭代能力。有学者以大数据为例指出了互联网技术带来的互联与分析功能。互联网技术使得分析来自各种大数据源的数据成为可能，提高了工作实践层面的分析和决策效率，有利于充分评估创业的可行性。开放性的特征体现在互联网创业者的知识分享过程中。例如，互联网制造商在互联网平台上共享设计蓝图，供他人重复使用。互联网技术有助于建立一个无边界的兼容平台，每个行动者都可以通过外部资源的连接与协同丰富自身的知识库，从而促进机会识别与利用能力的提高。

另一方面，从创业结果来看，互联网技术提高了创业活动的创造力和颠覆性。也有学者认为，互联网技术能够带来跨界破坏、触发价值创造的新周期，这使得创造性的解决方案能够克服监管环境下互联网创业的障碍。有学者进一步指出了互联网技术在企业应用中显示出的颠覆性和创造性。颠覆性主要体现为互联网技术对外部环境和内部管理的颠覆。例如，通过利用平台技术促进互联网产品和服务的交换，使得对现有市场的重新定义成为可能。创造性则体现为对企业价值网络和互联网渠道的重塑。例如，互联网技术创建了新渠道，促进互联网创业产出由产品导向转变为市场导向。

互联网技术所诱发的创业实践变化引人瞩目，但是为什么会发生这样的变化？应该如何认识互联网创业的新特征？学者对此做了一些有意义的探索。有学者将互联网创业特征分为弱边界性与弱预定义性两个特征，这意味着对传统创业的颠覆。一方面，互联网创业突破了过程与结果的边界，包括空间和时间的界限、产品和服务的界限、创业不同过程的界限等，促进了创业过程的互联、开放与兼容；另一方面，互联网化降低了创业机构的预定义地位，导致创业活动在广泛、多样和动态的分布式机构中发生，这意味着创业想法及其实施的能力来源无须集中于某个中心化机构。例如，互联网众筹机制弱化了金融机构对创业者的中心化位置，提高了创业资金来源的灵活性和多样性；还有学者进一步指出，信息通信等互联网技术帮助企业通过网络连接获取包含大量反馈信息和经验的分散数据，同时有助于推动企业之间的信息交换、知识共享以及生态系统之间的交流协作。大数据等信息与分析技术的应用提高了企业感知环境、捕捉机会的动态性和敏捷性。此外，针对互联网创业的高创新性与颠覆性结果，有学者认为产生这种结果的原因是对互联网和互联网技术的利用，嵌入创业活动中的大量分散性和差异性创业者创新潜力的释放。在此基础上，有学者将互联网创业的特征归纳为高互联网性、高价值性、高创新性三大特征。

尽管相关学者做了许多探索，但是关于互联网创业的特征尚未形成一致认知。第一，现有研究的系统性不足。部分研究关注大数据、云计算、众筹等特定互联网技术在创业活动中呈现出的特点，而忽视互联网创业作为一个特定术语所表现出的整体性特征。第二，未有效区分互联网技术、互联网化与互联网创业的特征，其概念之间的边界比较模糊。例如，可能将企业由于互联网技术的应用而呈现出的行为特征等同于互联网技术的本体特征。第三，术语不统一，部分特征之间存在含义的交叉。例如，互联网创业的弱预定义性与开放性均强调互联网创业过程的开放、创业方式的灵活和创业边界的模糊；又如，互联网创业的灵活性、敏捷性和灵敏性等内含相似，但是不同领域的学者在使用时采用了符合各自认知的表述，一定程度上阻碍了学术对话的建立。

通过对已有研究的回顾和归纳，互联网创业的特征可被归纳为互联网性、创新性、开放性、灵活性和价值性五大特征。

第一，互联网性突出了互联网创业的技术性特征。互联网性表现在创业过程中互联网技术与载体的开发与应用上。从创业资源与载体看，互联网创业的基础性要素是嵌入创业活动中的数字技术，主要表现为互联网组件、互联网平台和互联网基础设施三个相关但不同的要素形式。互联网创业实践可以归纳为对移动端程序等互联网组件的开发，对以互联网网络为基础的创业平台的利用，以及对信息、通信、计算机和连接技术的应用。从创业主体和方式看，虚拟团队等互联网创业者是重要的参与主体，创业方式呈现出很强的关联性和互动性。此外，从创业过程和结果看，互联网创业的机会识别、评估与开发呈现出数据导向和开放创新的特点，价值创造、分配与获取则呈现出生长性和动态性的特点。对互联网性特征的把握是理解互联网创业的关键。

第二，创新性突出了互联网创业的创业性特征。创新性是指在创业过程中对新产品、新技术、新流程和新模式的开发、改进或应用。互联网创业过程中的创新活动表现出了更高的可生成性，这源于互联网技术的应用。利用互联网技术可以将声音、图像、视频等媒介信息转化为由"0"和"1"组成的二进制数据，这意味着存储与处理互联网资源变得更容易和更统一，扩展了创新活动的范围和规模。例如，开发者可以通过对既有程序的改进实现功能的更新换代，从而以较低成本实现渐进性创新结果，这无疑提高了互联网创业者的创新能力。此外，开源社区、互联网创业生态系统等开放平台也逐渐成为互联网创业者获取创意、挖掘机会和降低风险的重要载体。

第三，开放性是互联网创业的边界性特征。开放性是指企业在决定参与者、输入要素、创业过程以及创业结果方面的开放程度、规模和范围。可编辑与可沟通的互联网技术使得信息交换、知识共享和生态系统协作更加便捷。利用互联网技术可以帮助企业更好地实现开放式协作和网络连接，使企业获取分散的数据。例如，互联网制造商在网上分享他们的设计蓝图以供同行交流和重复使用，进而促进开放式设计。大数据技术还促进了开放式网络的建立，帮助企业通过开放式创新和建立价值共创网络获取竞争优势。例如，阿里巴巴通过平台的开放，从创新生态系统中获取独特创意；并通过外部资源的协同丰富企业自身的知识库，进而提高开放式创新的能力。不同层次主体的创业目标与动机存在差异，利用互联网技术可通过促进不同主体的深入交流减少这种差异。

第四，灵活性是互联网创业的过程性特征。灵活性是指企业感知环境、识别机会、评估机会并利用机会的灵敏度。互联网技术本身具备可感知性，数据的大容量和高速度分析有利于提高企业的敏捷性，以迅速感知变化并捕捉机会。互联网时代的外部环境呈现出更为复杂、多元和动态的特点，创业企业需要提高灵活度，对有价值的环境变化保持嗅觉灵敏。例如，企业利用大数据技术洞察消费者行为和市场状况的变化，为下一步决策提供依据。又如，互联网平台的发展为企业交换知识和信息提供了更便捷的途径，有利于创业者及时获取信息、更新创业战略。

第五，价值性是互联网创业的结果性特征。价值性是指在创业过程中的价值创造、分配和获取的结果与回报。一方面，互联网技术作用于创业活动有利于创新价值主张。例如，奈飞（Netflix）公司从最初的基于物理储存的电影租赁公司，转变为第一家大型视频流媒体服务提供商，就是基于互联网技术的颠覆性作用。另一方面，互联网创业活动呈现出更强的非预先定义特征，这意味着传统中心化机构的作用降低，这使得价值创造与分配网络的参与者（如创业者与客户）之间能够直接交流。例如，韩国互联网视频领域"边播边拍"的新模式就是用户主动引导价值创造的典型案例。此外，可复制与可扩展的互联网技术还直接为创业者提供了低成本的互联网资源，提高了创造和获取高价值回报的可能性。

（二）互联网的商业历程

1. 网络商业的萌芽阶段

1994 年杨致远和大卫·费罗在美国创立了雅虎。1996 年 4 月 12 日，雅虎正式在华尔街上市，上市第一天的股票总价达到 5 亿美元。

1995 年 7 月 16 日，杰夫·贝佐斯创立了亚马逊公司，性质是基本的网络书店。2018 年 3 月，电商巨头亚马逊的市值已经超越谷歌母公司，成为市值仅次于苹果公司的全球第二大公司，其市值为 7600 多亿美元。

1995 年 9 月 4 日，皮埃尔·奥米迪亚（Pierre Omidyar）创立了 eBay（中文译为电子湾、亿贝、易贝），它是一个可让全球民众上网买卖物品的线上拍卖及购物网站。后来成为最受欢迎的糖果盒、芭比娃娃等物品的交换网站。

1997 年 6 月，丁磊创办网易公司，正式推出全中文搜索引擎服务。1998 年 1 月网易开通免费电子邮件服务，并且推出免费域名系统。1999 年 1 月网易被《电脑报》评选为"中国知名度最高的网站"。2000 年 8 月网易公司推出突破传统表现手法的全新电视广告"网易——网聚人的力量"，呼吁更多人参与互联网发展。2001 年 8 月网易获得电子公告许可。2001 年 12 月网易推出自主开发的大型网络角色扮演游戏《大话西游 Online》。目前，网易市值 622 多亿美元。

1998 年 2 月，由焦点科技运营的中国制造网（英文版）电子商务平台在南京上线。

1998 年 9 月 4 日，谷歌公司成立，由拉里·佩奇和谢尔盖·布林共同创建，被公认为全球最大的搜索引擎。

1998 年搜狐网正式成立。1995 年搜狐创始人张朝阳从美国麻省理工学院毕业回国，利用风险投资创建了爱特信信息技术有限公司，2000 年搜狐在美国纳斯达克证券市场上市。

1998年11月，深圳市腾讯计算机系统有限公司由马化腾、张志东、许晨晔、陈一丹、曾李青五位创始人共同创立。

1998年12月，新浪网由王志东创立，现任董事长为曹国伟，服务大中华地区民众与海外华人，新浪拥有多家地区性网站。后来因为股权问题，王志东被迫离开新浪。

1999年，阿里巴巴网络技术有限公司（以下简称"阿里巴巴集团"）由以曾担任英语教师的马云为首的18人在浙江杭州创立。

1999年5月，"中国电子商务第一人"王峻涛创办"8848"涉水电子商务，并在当年融资260万美元，这标志着国内第一家B2C电子商务网站诞生。

1999年8月，易趣在上海创立，主营电子商务，由邵亦波及谭海音所创立，两人同为上海人，毕业于美国哈佛商学院。2003年6月，eBay以1.5亿美元全资控股易趣。

1999年11月，李国庆和俞渝在北京成立了当当网，从早期的网上卖书拓展到网上卖各品类百货，包括图书音像、美妆、家居、母婴用品和服装等几十个大类，数百万种商品。

2. 网络商业的快速发展

2000年1月1日，李彦宏在中关村创建了百度公司，百度成为全球最大的中文搜索引擎网站。1999年年底，身在美国硅谷的李彦宏看到了中国互联网及中文搜索引擎服务的巨大发展潜力，抱着技术改变世界的梦想，他毅然辞掉硅谷的高薪工作，携搜索引擎专利技术归国创业。

2000年4月，1992年成立的慧聪国际推出了慧聪商务网，即现在的慧聪网。

2000年5月，卓越网成立，为我国早期B2C网站之一。

2003年5月，阿里巴巴集团创立淘宝网，它是亚太地区较大的网络零售平台。2008年启动B2B2C业务，成立淘宝商城。2012年改名为天猫。

2003年4月，大众点评由张涛于上海成立。大众点评是中国领先的本地生活信息及交易平台，也是全球最早建立的独立第三方消费点评网站。大众点评不仅为用户提供商户信息、消费点评及消费优惠等服务，也提供团购、餐厅预订、外卖及电子会员卡销售等O2O交易服务。2015年10月8日，大众点评与美团联合发布声明，宣布达成战略合作关系并成立新公司，新公司将成为中国O2O领域的领先平台。

2004年2月4日，脸书上线，这是美国的一个社交网络服务网站，并于

2012 年 3 月 6 日发布 Windows 版的桌面聊天软件飞书信（Facebook Messenger）。它的主要创始人是美国的马克·扎克伯格。

2004 年 1 月，京东开辟电子商务领域创业"实验田"，京东多媒体网络正式开通，启用新域名。京东由刘强东于 1998 年创立，早期从事零售业务。

2004 年，阿里巴巴集团成立了支付宝，2014 年 10 月，"蚂蚁金服"正式成立，2018 年估值约 600 亿美元。

2005 年 9 月，周鸿祎创办北京奇虎科技有限公司（以下简称"奇虎 360"），是主营以 360 杀毒为代表的免费网络安全平台和拥有 360 安全大脑等独立业务的公司。该公司主要依靠在线广告、游戏、互联网和增值业务创收。

2005 年 12 月，校内网成立，创办人是来自清华大学和天津大学的王兴、王慧文、赖斌强和唐阳等几位大学生。校内网于 2006 年 10 月被千橡互动集团收购，同年底，千橡互动集团的 5Q 校园网与校内网合并。2009 年 8 月 4 日，校内网改称人人网。2015 年 3 月 27 日，人人网市值缩水近 80%。

2006 年 3 月，推特（Twitter）由杰克·多西创办并在当年 7 月启动，是一家美国社交网络及微博客信息服务的网站，是全球互联网上访问量较大的 10 个网站之一，是微博客的典型应用。它可以让用户更新不超过 140 个字符的信息，这些信息也被称作"推文"。

2007 年，凡客诚品由卓越网创始人陈年创办，产品涵盖男装、女装、童装、鞋、家居、配饰、化妆品七大类，支持全国 1100 个城市货到付款、30 天无条件退换货。

2008 年 7 月 11 日，1 号店上线，开创了中国电子商务行业"网上超市"的先河。

2008 年，张旭豪、康嘉等在上海创立"饿了么"，这是一家网上订餐平台。2018 年，阿里巴巴集团以 80 亿美元收购了"饿了么"。

2015 年 7 月沃尔玛收购 1 号店股份。而后又收购尚未持有的 1 号店股份，全资控股后投资京东，1 号店并入京东。2008 年 8 月，广州唯品会信息科技有限公司成立，总部设在广州，旗下网站于同年 12 月 8 日上线，唯品会主营业务为互联网在线销售品牌折扣商品，涵盖名品服饰、鞋、包、美妆、母婴用品、居家用品等各大类。2012 年 3 月 23 日，唯品会在美国纽约证券交易所上市。目前唯品会已成为中国电商"排头兵"。2017 年唯品会净营收高达 729 亿元。

3. 移动商业应用的时代

2010 年 3 月 4 日，美团由王兴创办，它是在"百团大战"中成长起来的团购网站。美团有着"吃喝玩乐全都有"和"美团一次美一次"的服务宣传宗旨。

2010年4月，雷军在北京成立小米科技有限责任公司，这是一家专注于智能硬件和电子产品研发的移动互联网公司，2011年7月12日，小米创始团队正式亮相，宣布进军手机市场，揭秘旗下三款产品：MIUI、米聊、小米手机。

2012年3月，"陆金所"上线，这是中国平安集团倾力打造的投资理财平台。在健全的风险管控体系基础上，该平台为投资者提供专业的理财服务。

2012年3月，张一鸣创建今日头条，这是一款基于数据挖掘的推荐引擎产品，为用户推荐信息，是一款提供连接人与信息的服务的产品。

2013年5月28日，菜鸟网络科技有限公司成立，这是由阿里巴巴集团、银泰集团联合复星集团、富春控股集团、顺丰集团、三通一达（申通、圆通、中通、韵达）、宅急送、汇通，以及相关金融机构共同组成的"中国智能物流骨干网"项目，马云任董事长，张勇任首席执行官。

2013年7月，"GIF快手"从纯粹的工具应用转型为短视频社区。由于产品转型，App名称中也去掉了"GIF"，改名为"快手"。2017年11月，快手App的日活跃用户数已超过1亿，进入"日活亿级俱乐部"，总注册用户数超过7亿，每天产生超过1000万条新视频内容。创始人宿华，1982年出生于湖南，清华大学毕业。在"快手"之前，他先后在谷歌、百度任职，之后连续创业。"快手"是宿华的第三次创业。

2014年8月19日，滴滴打车推出专车服务，在北京进行公测，主要面向中高端商务约（租）车群体。2015年9月9日，滴滴打车更名为滴滴出行，是涵盖出租车、专车、快车、顺风车、代驾及大巴等多项业务在内的一站式出行平台。创始人陈维，曾就职阿里巴巴集团8年。

2014年，戴威等4名合伙人创立"ofo"，提出了"以共享经济＋智能硬件，解决最后一千米出行问题"的理念，创立了国内首家以平台共享方式运营校园自行车业务的新型互联网科技公司。2018年12月4日，法院对戴威发出了"限制消费令"。

2015年9月，拼多多成立，它是国内移动互联网拼团购物的第三方社交电子商务平台，用户通过发起与朋友、家人、邻居等的拼团，可以以更低的价格购买优质商品。2018年7月26日拼多多正式在纽约交易所挂牌上市。

2016年，马云提出"新零售"概念。

2016年4月，胡玮炜创立的摩拜单车在上海上线。2019年，摩拜单车"卖身"美团。

2016 年 6 月 20 日，京东集团发出内部信，宣布沃尔玛成为京东集团的战略投资者，沃尔玛将获得京东新发行的 144952250 股 A 类普通股，拥有总股本数的 5%。京东将拥有 1 号商城主要资产，包括 1 号店的品牌、网站、App。沃尔玛将继续经营 1 号店自营业务，并入驻 1 号商城。

2016 年 7 月 29 日，"韩都衣舍"获批正式挂牌全国中小企业股份转让系统（简称"新三板"），成为国内互联网服饰第一股。

2017 年 1 月 9 日，一个神奇的程序出现了，它就是微信小程序。它没有入口，只存在于二维码之中，没有订阅关系，只有访问数量。信息小程序与公众号从本质上来说是截然不同的，是一个新的形态。

2017 年 4 月 25 日，京东物流宣布独立运营。

2017 年 5 月，"叮咚买菜"上线，主打前置仓生鲜电商模式，最先在上海发展，2019 年年末前置仓数量为 550 个，目前已在上海、深圳、杭州、苏州等 9 个城市开通前置仓。

2017 年，李佳琦淘宝直播的粉丝数达到数十万，一举拿到了当年淘宝直播盛典的"Top 主播"。2019 年 10 月 17 日，李佳琦入选"2019 福布斯中国 30 岁以下精英榜"。2020 年 6 月 23 日，李佳琦作为 2020 年第一批特殊人才引进而落户上海。2020 年 8 月，李佳琦单月带货销售额达 14 亿元。

2018 年春节期间，"三点钟无眠区块链"社群话题的引爆，彻底激发了全国人民对区块链的热情和讨论。

2018 年 8 月 31 日，《中华人民共和国电子商务法》在中华人民共和国第十三届全国人民代表大会常务委员会第五次会议表决通过，共 89 条，于 2019 年 1 月 1 日起施行。

2019 年 5 月上旬，估值已经超过 10 亿元的"鲜生友请"宣布其全部门店暂停营业。2019 年 10 月 29 日，互联网生鲜品牌"迷你生鲜"发布声明，称因经营不善、长期亏损，已暂停运营。2019 年 6 月社区生鲜电商平台"呆萝卜"宣布完成 6.34 亿元 A 轮融资，9 月入选胡润中国潜力独角兽榜单，11 月爆发资金链断裂危机。2019 年 10 月，社区生鲜"妙生活"被曝清算完毕。12 月 6 日，互联网生鲜配送服务平台"吉及鲜"召开了全员会，首席执行官台璐阳宣布公司融资失败，规模盈利不达预期，公司要大规模裁员、关仓。

2019 年 9 月 6 日，网易与阿里巴巴集团共同宣布战略合作，阿里巴巴集团以 20 亿美元全资收购网易旗下跨境电商平台考拉。在网易考拉纳入阿里巴巴阵营后，阿里巴巴集团将在跨境电商行业中占据半壁江山，市场份额将接近 53%，具有绝对的领先优势。

2019 年 11 月 11 日，天猫当天销售出现了超过 10 个亿元直播间和超过 100 个千万元直播间，淘宝直播带动成交近 200 亿元，超过 50% 的商家通过直播带货利润获得新增长。在家装和消费电子等行业，直播引导的成交同比增长均超过 400%。

（三）互联网创业的理论基础

1. 创业理论

在经济学研究中，创业理论最早起源于国外，理查德·坎蒂隆在《商业性质概论》首次提出了"企业家"一词，并将这一概念延伸到经济学中。目前，诸多学者从不同的研究视角出发，对创业行为进行了丰富的研究，并形成了关于创业理论的不同研究流派。从现有研究来看，关于创业行为的研究流派被分为领导学派、风险学派、创新学派、认知学派、社会学派、管理学派、机会学派等多个学派。

其中风险学派认为，创业是一项具有风险性的活动，因此创业与否取决于创业者自身的风险态度（偏好），风险偏好者创业的概率更高。领导学派认为，创业者实际上是组织中的领导者，并扮演生产过程中的协调者角色。创新学派认为，创业在本质上属于创新活动范畴，该学派的主要研究内容是研究创业与技术创新、生产力发展之间的关系。认知学派则从心理因素出发，强调创业者的某些心理特质（如想象力、行为能力、开放性格）等在创业行为中的作用，从而开拓了从心理学领域研究创业的先河。社会学派认为，创业行动取决于社会的外部环境，这些外部环境包括社会、经济、文化以及社会网络环境，创业行动研究的重点在于分析外部环境与个体创业行为之间的相关关系。管理学派认为，创业是一种初创企业或者现有企业成长过程中的战略管理过程，因此，创业者的创业活动就是一种企业的战略管理方法。机会学派则认为，创业行为的开展与否，取决于创业者对创业机会的识别与把握，因此其研究内容主要围绕创业者机会识别和利用能力与创业的关系。

当然，依据本书对创业的定义，创业是创业者通过改变原有经济活动方式，组织和利用相关资源创造价值的过程。除上述流派以外，在经济学研究中应用最为广泛的是创业资源理论。而关于创业资源理论，其又可以分为四个分支：生态学派、适应学派、认知学派以及自给学派。其中，生态学派主要关注外部环境对创业行为的影响；适应学派则强调是否创业以及创业的成功与否，取决于能否利用战略机会创造出经济价值。创业者之所以创业，实质上是适应外部环境的一种表现，但在创业者完成创业活动后又会对周围环境产生影响。认知理论则主要侧重于强调创业团队的资源和素质在创业中作用的发挥。总之，创业资源理论重点分析的是创业资源与创业行为之间的关系。

2. 社会网络理论

社会网络理论现今已被应用于经济学、社会学、管理学乃至心理学研究领域，一些研究表明，社会网络对个体行为具有强大的解释力。现阶段关于社会网络的研究大致分为以下几种论点：强弱连接理论、嵌入理论、社会网络结构洞理论、社会资源理论、差序格局理论以及人情面子理论等。

关于强弱连接理论，最早始于美国社会学家格兰诺维特的研究。他在研究中发现，虽然个体在社会生活中接触最多的群体是自己的亲人、朋友、同事等（即所谓的强连接群体），但事实上，这些群体由于自身能力或者资源有限，难以发挥作用，个体机会和资源的获取可能更多来自弱连接网络，这些弱连接网络的个体甚至可能是一个素未谋面的人或组织。一些信息的传递也可能是通过弱连接网络，因为在一个彼此熟悉的圈子里，信息之间的传递存在冗余，即从强连接网络中听到 A 的信息，可能早就已经从 B 处获得。这一发现颠覆了以往对社会网络关系的认知。关于嵌入理论，其代表人物仍然是格兰诺维特，该理论主要强调社会网络在经济活动中的作用。该理论认为，个体乃至组织的一切经济活动都是内嵌于社会网络之中的，对个体经济活动的研究必须重视社会网络的作用。格兰诺维特还指出，这种嵌入性之所以存在，是由于社会交往中个体与个体之间存在的信任以及规范。这一发现开拓了经济学研究的新变量，对分析个体的经济行为具有重要的现实意义。

社会网络结构洞理论主要强调个体与个体或者个体与组织之间的交往关系对个体行为的影响，即一个个体在社会网络中的地位以及与其他个体或组织的联系程度将影响其信息和资源的可得性。关于社会网络结构洞理论，波特曾经有一个生动的案例对其进行了描述：假如存在三个个体（分别命名为 C、D 和 E），如果 C 与 D 和 E 分别有联系，但 D 和 E 之间可能不存在联系，这样 D 和 E 之间就出现了一个结构洞。但是可以发现，这三个个体中有一个个体 C，可以与 D 和 E 同时存在联系，那么这个人就相当于是这个结构洞的"中间人"，而这个结构洞的存在也能够为 C 提供信息并拥有资源获取的相对优势。

社会资源理论是林南在弱关系假设的基础上拓展得来的。他认为，个体在经济活动中所能获取的资源（如物质资本、权利等），多数是从其关系网络中得来的。林南还指出，相对于强关系，弱关系所能提供的资源可能更多，因为同质的网络资源可能存在冗余。林南认为，关系网络资源的可得性取决于三个方面：一是网络地位，即个体在其社会网络中的等级，等级越高，获取资源越容易；二是网络异质性，不同的网络所拥有的资源存在差异，越同质的网络其资源冗余越多，从异质性网络中所能获取的资源就更多；三是网络成员之间的关系强度，弱关系网络规模越大，越容易获取资源。

差序格局理论和人情面子理论是基于中国特殊的社会文化情景所提出的社会网络理论。不同于西方社会的"团体格局"和"个人主义"，中国传统社会是以血缘、亲缘、地缘为纽带形成的社会，这一点在中国的农村地区最为明显。无论是农业生产中的"抢农时"还是日常生活中的婚丧嫁娶，都依赖于传统社会中形成的"守望互助"原则。

费孝通在其著作《乡土中国》中指出，在差序格局理论中，社会资源的配置具有如下特点：第一，乡土社会中的资源不需要通过正式的组织机构、规章框架等获取，它是依托血缘、亲缘、地缘等关系建立起来的差序资本；第二，乡土社会中的资源获取动机不是基于个体主义的私人利益最六化原则，而是以自我为中心，根据其网络成员的亲疏、远近作为资源配置的标准的。

基于费孝通的这一假定，黄光国进一步提出人情面子理论，这一理论认为，中国人的人际关系表现出集体主义倾向，在此情形下，个体的行为表现出与集体一致的倾向，在这种倾向下，当个体态度表现出与集体行动不一致时，人情与面子等元素将起到至关重要的作用。黄光国进一步提出，网络成员之间的关系主要有情感型、工具型和混合型三种。其中，情感型主要用于满足个体对安全感、归属感等情感的需求；工具型则与情感型相反，属于更加理性的元素，在资源配置时按照公平的原则进行判断；混合型则是前两者的"融合"，在感性与理性之间，受面子、人情的双重影响，混合型关系的最大问题就是关系人所面临的人情困境。

关于社会网络的指标，从现有研究来看，社会网络的概念具有宽泛性，不同领域的实证研究对社会网络的界定存在较大差异，经济学的相关实证研究，主要采用亲友数量、拜年礼金支出、亲友中是否有村干部或党员、亲友来往频率等指标进行衡量。

（四）互联网创业商业模式

互联网创业商业模式包括长尾模式、体验模式、免费模式、共享模式，创业者也可以选择不限于这四种的商业模式。

1. 长尾模式

长尾这一概念是由《连线》杂志主编克里斯·安德森在 2004 年 10 月的《长尾理论》文章中提出的，用来描述诸如亚马逊和奈飞之类网站的商业与经济模式。长尾理论是指只要产品的存储和流通的渠道足够大，需求不旺或销量不佳的产品所共同占据的市场份额可以和那些少数热销产品所占据的市场份额相匹敌甚至更大，即众多小市场可汇聚成与主流相匹敌的市场。也就是说，企业的销售量不在于传统需求曲线上那个代表"畅销商品"的"头部"，而是那条代表"冷门商品"、经常被人遗忘的"长尾"。长尾模式也可以叫作单品海量，即单品平台化。因为在互联网上，用户需求足够多，即使一些小众产品，也能够找到自己的用户群。因此，只要创业者找到了合适的产品，将其做到极致，就能单品制胜。

举例来说，一家大型书店通常可摆放 10 万本书，但亚马逊网络书店的图书销售中，有 1/4 来自排名 10 万以后的书籍。这些"冷门"书籍的销售比例正以高速增长，预估未来可占整个书籍市场销售的一半。这意味着消费者在面对无限的选择时，真正想要的东西和想要取得的渠道都发生了重大变化，一套崭新的商业模式也跟着崛起。简而言之，长尾模式所涉及的"冷门产品"涵盖了几乎更多人的需求，当有了需求后，会有更多的人意识到这种需求，从而使冷门不再冷门。

2. 体验模式

小米的首席执行官雷军称优秀的用户体验和产品是互联网思维的核心。周鸿祎指出，好的用户体验是指产品超出用户预期，用户体验贯穿每一个细节。用户体验包括产品、用户和环境三个影响因素，它的本质是特定用户在特定环境下的思维及行为模式。学术界根据用户体验的深度将其划分为三个层次：第一层次的用户体验属于下意识的体验，用户仅通过自我感知确认体验的发生；第二层次的用户体验是用户完成体验之后，产生了满意的效果；第三层次的用户体验是用户将其视为一种经历，在特定的场景下，可以促进用户与企业之间的互动，提升用户的进一步体验。用户体验的目标是逐步实现用户对产品的有用、易用、好用、爱用。

3. 免费模式

美国《连线》杂志的执行主编克里斯·安德森在发表了《长尾理论》之后，又出版了一本新书，名为《免费：商业的未来》。在这本书中，克里斯·安德森对免费给人带来的冲击力，以及在免费的基础上如何实现盈利等问题进行了深刻的剖析。

免费模式大致可分为以下几种类型：内部补贴型、第三方补贴型、"免费＋收费"型、自愿分享型。例如，为了使顾客来店购物，商家在街边赠送纸巾；免费配送，通过销售盈利（如亚马逊）；节目和服务免费，通过广告盈利（如电台、谷歌）；阅读软件免费，编辑软件收费；买方免费，向卖方收取费用（如信用卡、PayPal）；游戏免费，道具收费；基础服务免费，高级用户收费（如各视频网站）；用户自愿分享评价、心得，通过广告和客源输送量实现盈利（如豆瓣、大众点评、微博、微信）；等等。

免费模式是互联网企业突出的特点之一，无论是即时通信、杀毒领域，还是电子商务网站，几乎所有的互联网企业都采用了基于免费的商业模式。目前，用户已经习惯了互联网企业的免费，而互联网企业也将免费模式视为维护顾客忠诚度的主要连锁。免费模式是互联网企业吸引用户的主要手段，并且免费模式可以帮助企业获得盈利、口碑，并使企业具备市场潜力。通过免费模式获得盈利主要有三个手段，即"免费＋增值""广告业务""电子商务"。

4.共享模式

共享经济的提法出自美国麻省理工学院经济学教授马丁·威茨曼于 1986 年出版的《分享经济》一书，该书提出了一种采用分享制度以代替工资制度的主张。随着互联网技术的飞速发展，共享经济被赋予了新的定义，即能够便利地借用或租用他人拥有的闲置资源。共享经济主张闲置即浪费，分享产生价值，同时它强调的是使用权而非所有权。爱彼迎通过共享多余的房屋来为旅行者提供住宿服务，滴滴打车通过共享车辆实现汽车出行服务，共享经济带来了新的商业模式。

三、新型职业农民创业能力

新型职业农民是有文化、懂技术、会经营的农民，与传统农民相比其具有明显的行业性、现代性与高素质等特点。当前我国农业、农村发展的内外环境均发生了巨大变化，农业发展阶段和路径不同会出现不同的新矛盾、新问题。在农业需求不断转型升级、产业结构调整和优化的背景下，以人力资源理论为基础展开能力培育已不适用，而应从创业能力角度进行培育；相对于其他的创业群体，农民的创业环境"先天不足"，创业类型仍以生存型创业为主。提高企业从初创期到成长期的生命力，如创业项目决策能力、创业项目地方特色品牌培育能力与创业经营风险管控能力，是新型职业农民创业能力培育的重要内容和方向。

（一）创业项目决策能力

常规模式下，创业决策主要由创业者的自身态度与创业动机决定。我国乡镇经济发展水平不平衡，乡村产业发展特色与需求也不相同，而创业机会、创业动机、创业决策是其交互作用的结果；面对复杂多变的市场环境，新型职业农民创业选择往往缺乏资源禀赋约束下的理性选择。为了实现地方乡村产业发展与返乡创业活动在社会资本和经济资本中的融合对接，必须提高新生代农民工对资源禀赋差异分析、乡镇农村产业发展战略规划及扶持政策实施等科学决策因素的认知能力。

（二）创业项目地方特色品牌培育能力

互联网时代，乡村的发展并不是简单粗暴的"去小农化"，乡村地方产业必须是具有独特性和在地性的产物，通过乡村地方品牌的建构和乡村地方文化的营造加以实现。如广州市从化区吕田镇新型职业农民创业项目，其品牌建设不仅是单纯的乡村特色科学文化建设，更是新时期乡村产业建设的重要组成部分。品牌内涵可体现在这几个方面：一是扶持、保护农村特色鲜明的优秀乡土文化；二是以乡村特色品牌建设促进农村思想文化建设；三是统筹乡村资源拓展产业延伸，开展乡村特色品牌产业集群建设，高效实现品牌传播的合力与张力。所以，提升新型职业农民创业项目地方特色品牌培育能力，是创业项目持续发展的内源驱动力。

（三）创业经营风险管控能力

市场经济条件下，搞好企业经营风险管理对企业的生存和发展具有十分重要的意义。新型职业农民创业规模以小型或微型企业为主，由于其根基小，消化吸收亏损的能力有限；对创业者来说可能是全部"身家"的投入，风险的发生会造成灾难性的影响。因此，对返乡创业的新型职业农民而言，其既是创业者又是投资者，也是主要的经营管理者，更应掌握在经营中可能遇到的风险类型，如创业风险、现金风险、授权风险、领导风险、筹资风险、成就风险，以及持续经营风险的预防、降低、规避的方法与对策，这是最终提升新型职业农民创业成功率与创业绩效的最大保障。

四、互联网发展与新型职业农民创业的关系

（一）当前中国互联网的发展状况

自互联网技术引入中国以来，其获得了迅速的发展，现阶段中国是拥有互联网

用户最多的国家，截至 2020 年 12 月，中国网民规模达 9.89 亿，相当于全球网民的 1/5，是美国的两倍多；互联网普及率达 70.4%，约高于全球平均水平 7 个百分点。

2010—2020 年中国互联网用户增长呈上升趋势。从互联网用户增长数量来看，中国的互联网用户由 2010 年的 45 730 万人增长至 2020 年的 94 000 万人，累计增长 48 270 万人，年均增长 4827 万人。从互联网用户数占总人口数的比例看，2010 年，中国互联网用户数占总人口数的 34.10%，经过 10 年的发展后，截至 2020 年 6 月，中国的互联网用户数占总人口数的比例为 67%，由此可见，近几年中国互联网用户增长迅速。

（二）当前中国农村互联网的发展状况

2010—2020 年中国农村网民的增长呈上升趋势，从农村网民的数量来看，2010 年中国农村网民数量为 1.25 亿人，2020 年为 2.85 亿人，累计增长 1.6 亿人，增长了两倍之多；从农村互联网的普及率来看，2010 年中国农村互联网普及率为 18.60%，而到了 2020 年农村互联网普及率则达到了 52.3%，增长了近 3 倍。

由此可见，我国农村的互联网发展迅速，这得益于不断完善的信息化基础设施建设。一方面，"网络覆盖工程"加速实施，使得更多居民用得上互联网。截至 2020 年 6 月，全国行政村通光纤比例达到 98%，贫困村通宽带比例超过 94%，已提前实现"宽带网络覆盖 90% 以上贫困村"的发展目标，更多居民用网需求得到保障；另一方面，互联网提速降费工作取得实质性进展，更多居民用得起互联网。国内电信运营商落实相关要求，自 2018 年 7 月起，移动互联网跨省漫游成为历史，运营商移动流量平均单价降幅均超过 55%，居民信息交流效率得到提升。

（三）互联网与新型职业农民创业的有效契合

1. 融合数字乡村建设实践

当前，农村地区的数字化基础设施日益完备，数字乡村建设正持续落实，当前国内超过 95% 的行政村都已覆盖 4G 网络。农村地区的互联网普及率大幅攀升，农村地区的物流快递产业快速发展。数字乡村建设的深入实施，使更多的农民群众能够获取来自城市的更多普惠金融资源。这有利于开展农村电子商务、社交电子商务直播，从而为乡村旅游产业的发展搭建数字化平台。

数字乡村为新型职业农民的信息化生产、数字化管理、网络化营销和客户在线服务提供了有力支持。各地积极向包括新型职业农民在内的各类群众提供培训资源，在相关网站上投放多媒体教学包等，借助专门的手机 App 学习软件开展网络化培训活动。例如，青海持续推广和完善农村信息化综合服务平台，打造了"专家—科技特派员—农户"三位一体的农村信息化主动服务机制。当地科技特派员与数百位已经签约的新农村研究院专家正服务于西宁、海东等地，覆盖的农户数量达到了 27.29 万户。

2. 强化"互联网＋"创业素质

在 2020 年的新冠病毒疫情防控工作中，我国的数字化、信息化人才培育模式持续创新和完善。乡村振兴战略的实施，要充分发挥农民群众的主体作用，抓住人才这个关键要素，其中新型职业农民的作用至关重要。当前新型职业农民队伍的总量已超过 1500 万人，然而如何借助"互联网＋"强化这支队伍的稳定性、规范性、针对性和实效性等，确实值得深入思考。各地应该充分运用好"互联网＋"技术，为新型职业农民提供更多的信息技术教育、知识传递、技能训练机会；向新型职业农民开展在线技能培训和知识教育，强化移动互联服务，改进在线考核管理。培育新型职业农民的互联网思维，使他们能够逐步熟悉大数据、物联网、移动互联网等技术的应用，持续挖掘人们对农业产业服务的品质需求、品牌需要、质量关注要点。因此，要借力数字乡村建设，强化新型职业农民的政策素养、培训素养、客户素养、科技素养和产品服务素养。

3. 拓宽农村农业创业渠道

"互联网＋"和农村农业的深度融合，有利于拓宽新型职业农民的创业创新渠道。当前，不少乡村地区纷纷利用"互联网＋"拓宽农业产业链、增强农业产业的要素活力，不断提升农业产业发展。"互联网＋"有效扩充了新型职业农民的范围，如今新型职业农民涵盖生产经营型、专业技能型与社会服务型三类。生产经营型职业农民主要指家庭农场主、专业大户、农业合作社带头人等。专业技能型职业农民重点指的是在农民合作社、专业大户、家庭农场、农业企业等中开展专业化的农业劳动作业的人，如农业雇员、农业工人等。社会服务型职业农民指的是服务于农业产前、产中、产后，具备有针对性的服务能力的相关个体或者组织。它包括农村信息员、农机服务人员、农村经纪人、村级动物防疫员等。例如，2017 年河南省关于新型职业农民的相关发展数据表明，土地经营规模大于 100 亩的新型职业农民达到了 31.2%，70% 的新型职业农民借助手机开展农产品的销售经营活动，农业经营人均纯收入为 2.78 万元，其中近 30% 的新型职业农民人均农业经营纯收入高于城镇居民。

五、新型职业农民互联网创业的背景和因素

（一）新型职业农民互联网创业前景分析

出身湖北农村的小米掌门人雷军，在两会议案中预言：中国农村将成为互联网企业投资的未来，是互联网世界的下一个风口。雷军在两会时递交的议案手稿展现出对农村互联网的重视和热情，并断言农村互联网正在形成巨大的台风口，会形成中国未来十年的黄金创业机会。未来，雷军或将小米的移动装置更多地渗透至农村，而作为北京顺为资本投资咨询有限公司的创始人，他更表示，农村互联网经济是未来十年最核心的投资领域。

雷军曾说："农村将成为互联网领域的'沃土'，而非信息时代失联的'孤岛'。"在农村电子商务市场的深耕，毫无疑问能够带来井喷式的发展，最终推动电子商务巨头本身的扩张。在雷军看来，农村互联网已经走到了爆发前夜的路口。各大电商巨头不断向线下"下沉"成为最主流的趋势。以县域、乡村为代表的农村电子商务市场竞争激烈，无所不在的"刷墙"战成为最好的注脚。

从农村电子商务市场的特质来看，电子商务巨头向其扩张也是各取所需。农民收入水平的提升，脱离了简单、粗暴的随意商品即可满足需求的初级阶段，对商品的质量、多元化等有了更高的需求。在传统的线下渠道不能满足这一需求的态势下，电子商务渠道自然成为完美的补充。而农村"人口红利"尚未消失殆尽，电子商务的发展，也有利于消化劳动力，创造更多的岗位，并进一步带动更多农民富起来。

（二）新型职业农民互联网创业的主要因素

1. 政府相关创业政策

政府出台了一系列政策文件和措施，为新型职业农民互联网创业营造了优良的营商环境。集众智、汇众力打造众创、众包、众扶、众筹等创新创业数字平台，建设一批"双创"示范基地，培育创业创新服务业，规范发展天使、风投、创业、产业等融资与投资行为，以此支持互联网创业。

2. 社会环境因素

互联网平台服务商、互联网竞争者、互联网消费者、互联网技术服务商、互联网媒体等因素构成互联网创新创业的社会环境因素，对互联网创业行为都具有较大的影响。

3.新型职业农民自身因素

新型职业农民的创业理念和机会、身份背景、创业商业模式、管理水平、融资能力、资源整合能力等因素对创业行为都具有较大的影响。互联网创业者的创业理念和创业机会是创业成功的关键因素，决定着创业机会能否变现。互联网创业者的良好的身份背景和以往经历，有助于其创业取得成功。

第二节　新型职业农民互联网创业现状和困境

一、新型职业农民互联网创业的现状

（一）小而美等于产品简单

很多农民创业者认为，目前大公司有资源做大而全的产品，而创业公司应该聚焦小而美的产品，尽量将产品功能做到简单好用。所谓的小而美应该是将产品的其中一个亮点功能做到极致，而非产品的功能单一，甚至整个产品仅有一个功能。因为创业产品要做到的不仅仅是可用，更要考虑用户的后期黏性。一个功能简单到甚至简陋的产品是断然留不住用户的，一般来说这类产品的工具性一定很强，而缺少用户互动，产品注定走不了太远。

（二）垂直细分等于冷门市场

互联网经过十几年的蓬勃发展，在搜索引擎、即时通信、新闻门户、电子商务等领域诞生了一个个巨头。目前来看，阿里巴巴、腾讯、百度是当下互联网行业的三大巨头，还有小米、奇虎360、唯品会等百亿美元的公司占据着市场。这些互联网大公司具有充足的现金流、拥有精英产品推广团队，对创业团队的杀伤力极强。因此，按照常识来讲，新型职业农民创业者创业项目的切入最好避开与大公司直接竞争，而做一个相对来说垂直和细分的行业，这是相对安全的。但是误区在于，垂直细分并不一定是专注一个冷门偏僻的小众市场，而是仍然需要在一个潜在用户市场发展。一般来说，在巨头未全面渗入或还不够重视的垂直细分领域，发展初期竞争相对不太激烈，不需要太多的资源支持，只需要凭借优秀的产品创意就很可能抢得先机，从而赢得市场。但一定记住，垂直不等于冷门。

（三）学习时间多于实操实践

创业者身上有很多的品质值得学习，如充满激情、谦虚好学。因此，我们能够看到不少的创业咖啡馆，但凡有沙龙讲座，都是人头攒动，其中80%的人都是创业者。但是创业者真的需要花费太多的时间去学习一个不知道什么时候能够派得上用场的知识或技能吗？这里面也是存在误区的。新型职业农民创业者与其花费过多的时间去学习钻研那些看得见摸不着的新技能，还不如多去实操和实践，解决下自身创业的实际问题，毕竟创业者（尤其是领头人）的时间宝贵。学习有时候还是需要有取舍的，不要贪大求全，也不要被自己好学的假象迷惑。尤其需要提醒一下的是，大多时候，现有成功者的经验并不能被复制，而且大公司的产品尤其不能被复制。如像微信这样的产品，不仅是因张小龙作为产品经理取得了成功，更多地取决于其所在公司腾讯背后的资源支持以及其团队的综合实力。

二、新型职业农民互联网创业的困境

（一）政策扶持力度不够，缺乏创业资金与法律保障

近年来，中央政府及有关部门相继出台了一系列就业创业政策，对于新型职业农民互联网创业也提出了不少扶持性政策，起到了一定的作用，但目前相关新型职业农民互联网创业扶持性政策的落实情况并不到位，甚至有些政策与具体的创业需要还有一定的偏差。案例研究表明，青年创业者在创业中对有关扶持性政策并不十分了解，咨询渠道也不畅通，想了解互联网创业手续不知道去哪个部门咨询。扶持性政策的实施也存在问题，如新型职业农民互联网创业手续审核复杂、市场准入成本过高等，以及多数地方政府后续支持动力不足，缺乏与之配套的服务体系，这些都使得新型职业农民互联网创业的积极性受到影响。同时，虽然国家提出的互联网创业小额贷款和创业补贴相关政策，一定程度上缓解了新型职业农民创业的资金压力，但是由于限制条件较多，创业的贷款难、补贴少、税收减免程序复杂等问题使创业融资更困难。并且由于农民缺乏相应的就业经历、创业经验和社会资源，很难获取相应的融资。

新型职业农民互联网创业都是拿着自己的钱创业，每一分钱都不敢乱花。对于资金问题，尽量用外部资金来展开，不要把自己和家人的钱全部投入去创业，一旦无法快速变现，势必会引起家人的反对，甚至影响正常的生活。新型职业农民互联网创业初始，都是从小本起步的，大的投资不可取，战线长、回本慢，也

会将创业者拖垮。当然，也不建议与其他人合伙进行，因为会产生很多利益上的冲突。获取前期资金时可以通过借钱试探性地投入，查看产出效果，也可以采用众筹的方式，一来可以了解产品的认可度，二来可以获取前期的种子顾客，为创业起步打好基础。

现阶段我国及地方政府针对新型职业农民互联网创业的法律尚处于空白，地方性法规更是少之又少，新型职业农民的互联网创业得不到法律及时有效的保障，致使新型职业农民的互联网创业之路难上加难。

（二）政策靶向性弱，驱动效应不足

史蒂文斯和伦德斯特罗姆创立的三维分析框架"动机—技能—机会"是受学术界广泛认可的创业政策分析框架。该框架的创业政策涵盖三个方面，依次是激发创业动机、提供创业机会、增强创业技能。国家已经针对新型职业农民互联网创业事宜出台了一系列政策，然而"互联网＋"农业创业的一系列扶持性政策未能取得应有的政策效能。

首先，政策实施没有获得预期效果的原因在于，这些创业政策无法及时全面把握新型职业农民互联网创业的具体需求，政策缺乏较强的靶向性，无法充分发挥"互联网＋"与农业、产业的连接、融合与驱动效应。部分地区新型职业农民"互联网＋"农业创业的政策规章非常笼统。例如，荆州市一些地方采取的新型职业农民创业政策内容未能进行详细的调研和分析，没有结合本地农村"互联网＋"农业经济的实际发展状况，忽视了新型职业农民互联网创业的具体需求和群体特点。

其次，缺乏针对不同的农业细分行业、投资规模企业的分类指导标准与实施细则，自然无法制定针对性较强的"互联网＋"农业创业政策。这导致新型职业农民互联网创业扶持性政策的操作性不大，无法契合创业者的差异化的互联网创业需求。由此一来，新型职业农民互联网创业动机无法得到有效激发。

最后，不少地区在政策落实时轻过程、重结果，未能强化对互联网创业培训和技能教育的跟踪问效和监督落实力度，不少人缺乏有针对性的创业技能，导致创业成功比例较低。

（三）宣传推广和产品信任度存在问题

在互联网时代，任何创业项目都需要让别人知道，也就是进行宣传推广，而从淘宝或者微信，能够自然获得的顾客可谓少之又少，很多时候需要去推广，获

取流量，提高产品的曝光率。农产品也好，其他项目也好，新型职业农民创业者，不可能一开始就去注册一个公司，也没有专门的推广宣传部门，很多时候都要自己一点一点地去做。线上线下的推广方法很多，效果各有不同，当然宣传推广也是一个花费较高的事，而且效果不一定很理想。

新型职业农民在互联网创业初期，可以利用一些免费的平台，认真下功夫做好产品文案，淘宝、微信等平台都可以被很好地利用。有时打开一些众筹平台都会看到一些农产品成功的例子，参与度很高，能筹到的资金也不少，值得创业者尝试。众筹筹到钱不难，关键是后期的发货和售后问题需要认真对待。

新型职业农民开始创业时，不会马上注册公司，也不容易取得什么资质认证，客户满意取自互相的信任，如产品是不是原生态、有没有打过农药、是不是真的农村自产等一系列的问题，都是农村创业者需要面对的。特别是吃的东西，都需要有资格证书，淘宝上也如此，如果是规模生产，还是建议开具一些有资质的证明，如找村委会开一些证明，虽然现在注册公司不会花费很多，但公司后期的成本还是不容忽视的。另外，只有通过网络或者店铺公开产品的生长环境、加工制作过程，才能建立起足够的信任度。

（四）农民创业教育存在不足

长期以来，我国农民的受教育程度普遍不高，但对创业教育的内容需求日益多元化。现有的农民创业教育状况堪忧，无法为农村农业提供充足的可持续发展人力资源队伍。现有高校的农业创业培育师资极度缺乏，而且他们鲜有丰富的农业创业实践历练和经验。不少师资是科技特派员和农业技术骨干，或者主要是县级相关部门的干部，教师的理论水平、知识层次高低不等。再加上农业职业教育领域的经费投入严重不足，进而造成教学基地进展缓慢、创业教育网络平台和设施的配套不够完善等。当前，新型职业农民创业教育领域缺乏完善的师资培养与有力的政策保障机制，造成实效性弱、教学方法老套、内容重复化简单化。优质师资的供给质量明显不足，难以真正提升创业教育质量，无法切实满足农民的创业实践要求。

现行的农业创业教育体现出其主要以党和政府主导下的学校与教育部门为主体，农村农业领域的参与力量甚少。多个部门分别管理农民创业教育，担负的教育职责各不相同，管理职能和培训对象彼此交叉，培训内容和课程设置重叠度高。农业类高校和中职院校的创业课程较少，无法为农业创业培养充足的后备军。地方成人高校等社会培训机构未能充分参与，主要是接受政府委托进行培训，而且这些主体的联动性差、创业培训深度不够、靶向性不强，导致新型职业农民创业教育实践笼统化、零碎化，创业教育体系碎片化，从而影响着农民对创业技能和政策制度的把握。

新型职业农民互联网创业成了一个热点，但是创业从来都不是一件简单的事，需要面对的问题远远不止我们看到的这些。虽然困难重重，但是机遇也很多，抓住互联网、运用互联网技术，可以让创业便捷很多。

第三节　新型职业农民互联网创业优化路径

一、优化外部创业环境

（一）政府层面进一步完善互联网创业发展政策

一是完善互联网和创新创业政策，营造良好的创新创业环境；二是完善创新创业公共服务体系，服务致力于互联网创业的新型职业农民；三是加快农村新基建的建设，高水平供给新型职业农民，完善互联网、移动互联网、物联网、大数据、云计算、5G 等高速、安全、移动的新一代信息基础设施建设，形成网络承载力大、覆盖领域广、运行速度高、连接终端广泛的"数字乡村"新图景。

首先，各级政府部门应该积极响应"数字乡村"战略，积极加快农村地区互联网覆盖的步伐，加快 5G、千兆光纤、卫星 4G 等网络基础设施在部分有条件、有需求的农村地区的布设，满足农民生活、农业生产日益增长的数字消费需求，打破信息壁垒，为农户及时获取相关的农业生产信息提供保障。其次，加速农村地区的互联网基础设施提档升级，做好顶层设计，加快农村地区宽带网络和第五代移动通信网络覆盖的步伐，开发适应"三农"特点的信息技术、产品、应用和服务，推动远程医疗、远程教育等应用的普及，开发更具个性化与有针对性的资费套餐，提升农民的用网积极性，最大限度地发挥互联网新型基础设施的效用。

（二）强化政府服务支持保障

政府要在新型职业农民互联网创业中起到引领与帮扶作用，设立互联网创业专项政务平台，及时发布最新的互联网创业信息，定期组织政府工作人员学习最新政策，为新型职业农民创业者提供最新正确的政策咨询服务；通过互联网平台宣传新型职业农民互联网创业政策，鼓励更多新型职业农民参与到互联网创业中来，关注评论区信息与群众互动，掌握真实最新的创业需求，为政策的制定提供群众意见。简化新型职业农民互联网创业注册、审批、贷款等程序，落实金融扶持与税收减免政策，打通创业服务的"最后一公里"，为新型职业农民创业者提供便利的政府服务。

通过政策扶持和政府服务，农村地区的互联网创业氛围将不断增强。通过政策宣传、政府引导来鼓励新型职业农民互联网创业，在农村地区建立创业园区，打造互联网创业交流互助地，为"大众创业、万众创新"营造良好氛围。应当加快培育创业先锋队伍，为互联网创业储备优秀人才。当地政府通过实施新型职业农民培训、宣传互联网创业成功案例、解读最新互联网创业政策等带动职业农民促进农村互联网创业。

同时，增强政府职能，改善创业环境。首先，强化农业农村创业的政策引导，从资金、税收等方面给予农户良好的创业环境；其次，加快相关基础设施和公共设施的建设进程，优化农户的创业环境，降低农户创业的成本；再次，加强对市场的监管力度，创立良好的市场秩序，减少交易成本，使农户能够更加公平地参与市场；最后，完善市场信息平台，定期为农户提供相关的创业信息，打破市场和农户之间的壁垒。

（三）强化政策靶向，提升驱动效应

与传统农民相比，新型职业农民的综合素质和现代农业经营管理具有更大优势。

首先，政府部门要考虑新型职业农民的年龄特征。相关调查表明，20～45岁的新型职业农民所占比例达到了96.5%，他们具有较强的创业意愿，掌握着一定的现代农业技能，能够适应"互联网＋"农业发展的形势。政府部门应该充分考虑他们的擅长领域、创业兴趣，强化与互联网项目相适应的创业政策制定、创业知识培训的靶向性和实用性。这有利于激发新型职业农民的创业动机，将"互联网＋"农业创业和乡村振兴计划的落实结合起来。为此，政府部门应借助互联网，把握新型职业农民对创业资金、用地、培训、人力资源、技术支持等方面的差异化需求，利用大数据、云计算等技术，采取差异化的帮扶措施。

其次，新型职业农民可获取的社会资本、自身禀赋、企业创业类型、风险态度、经营管理状况存在差异，所需要的创业扶持性政策同样存在差异化特征。相

关调查表明，新型职业农民对互联网创业项目支持、税费减免、信贷扶持、信息咨询、技能培训与用地优惠等方面的需求最为旺盛。其中，各级政府部门要尽可能发挥政务上网的优势，通过"互联网+"提供信息咨询、技能培训、项目支持、用地与税费优惠政策宣传。例如，洛阳市借助专门的手机 App 学习软件对新型职业农民开展网络化的政策宣讲、创业知识和生产经营培训活动。当地还充分考虑科技特派员与广大农户的具体需求，推出了农村信息化主动服务微信端与农牧区信息化综合服务平台。这些渠道和途径为新型职业农民提供了操作性强、最急需的扶持措施和配套政策。通过这些项目支持与政策扶持，助推国内农业现代化的可持续发展，切实提升新型职业农民的职业化水准，力争使其变成农业领域的金领阶层。

（四）搭建融资平台，加大资金扶持力度

其一，改革现有的信贷评估体系，提升农户收入质量、完善个体的信贷评估体系，替代以往单纯以资产抵押担保为标准的贷款审批与监管方式，对不同的创业个体或组织，灵活设置不同的信贷评估标准；其二，积极出台相关政策，鼓励信贷机构设计针对新型职业农民互联网创业的金融产品，满足创业者多样化的信贷需求；其三，积极组建合作社或协会，拓展农户信贷的非正式渠道，提高农户信贷的可得性，抑或通过组织互助基金等方式内部实现资金众筹，拓宽农户创业资金来源。

政府可以考虑成立专门的农户创业基金，并委托专门的银行或者投资机构对资金实施分阶段和分层次管理，如将农户的创业基金按照不同的创业类型和创业产业实施分层扶持。另外，可以构建完善的创业项目评估体系和信用评估档案，致力于筛选出优秀的互联网创业项目，并对其中的优秀项目进行重点支持。

（五）优化创业生态环境，完善创业创新平台

每年召开电子商务发展大会，先后出台电子商务加快发展、推广实施、工作考核、融资扶持等政策，把电子商务创业、品牌培育纳入考核系统，发挥考核的引导作用。把电子商务创业纳入发展规划，实施网商经营一条街、网商创业一个园、网商集聚一个片、网商产业一条带"四个一"发展战略。设立电子商务发展动态引导资金，政府成立小贷担保公司，专门为中小企业、新型职业农民互联网创业提供担保，开展电子商务交易支付记录的免担保、免抵押贷款创新业务，安排国土、规划等部门解决网商的需求，全面支持农民网商创业。强化人才培育，开展"万人大培训"，为电子商务群体源源不断输送人才，开展"诚信网商"创建，

促进电子商务诚信经营。开展"十佳网商""网商新星"评选活动，让网商有地位、受尊重。

激发农民互联网创业内生动力。加快简政放权，不断强化金融扶持、证照办理等商事服务，推进"三证合一"工商登记改革，为电子商务发展"开绿灯、降门槛"，方便农民网上创业。引导电子商务企业建立现代企业制度，加快农户网商公司化步伐，突破农民小富即安、单打独斗等意识制约，增强农民创业的积极性。引导实施品牌化战略。

（六）提升新型职业农民创新创业教育质量

针对通过网络调查和分析不同地区的新型职业农民的具体类型、生产经营内容，制定和形成与这些地区相适应的多层次、多维度创业教育体系。将创业教育贯穿到创业前、创业时等创业型企业成长的不同阶段。从外显和内隐两大维度设计创业教育的目标体系，通过互联网培育新型职业农民的创业态度和意识，使他们掌握创业综合技能、提升创业素养品质、增强创业实践能力等，进而使他们达成内隐创业素养目标，从创业行为的生成与创业结果的达成等方面形成外显创业行为。

二、提升农民自身互联网创业能力

（一）加强职业技能培训，提高农户的互联网创业能力

根据农民的个体特征、工作经历，积极发挥农民的特长优势，发掘和培养其个人兴趣；同时，对既有的创业者积极进行职业素养培训，通过开设相关的讲座，向创业的农民提供知识技能培训，丰富农民的创业管理经验，扩充农户的知识信息结构，增强农户的互联网运营能力，从而综合提高农户的职业素养。

（二）通过多渠道增加农民收入，为创业积累充足资本

充足的资本不仅能够为新型职业农民互联网创业提供资金，而且能够在农民创业失败或者遭遇风险时提供保障。为此，应该积极培养新型职业农民具备多渠道、多途径获取财富的能力。例如，增强新型职业农民的金融意识，提高农民的金融素养，提高农民财产收入的可能性；增强技能培训，使新型职业农民能够掌握一技之长，拓宽收入的渠道；加快农村土地要素的流动，实现要素流动的增值，拓宽农民收入的来源。

（三）提高农民的互联网使用能力

第一，积极采取多种形式开展对农民信息利用能力的相关培训，鼓励农民使用信息化设备获取相关知识，提高农户的信息获取、辨别和利用能力，推动互联网积极作用的进一步发挥。

第二，提高农民主动使用现代通信技术的意识和水平，让拥有手机和计算机的农民能够主动有效利用技术，获取创业信息，降低信息搜寻成本，从而更好地发挥互联网的信息桥梁作用。

第三，开发有助于农户创业的信息产品。首先，依托互联网，进一步以灵活的形式向农户传递农业生产信息。根据农户的实际信息需求，以小程序、公众号等形式向他们推送相关的创业信息或政策，提高信息的"点对点"及"点对面"共享程度，提高农户的自我创业意识，帮助农户更加便捷地获取相关信息。其次，在村级建立信息共享平台，定期向农户发布农业生产、创业等方面的信息；鼓励运营商等盈利企业、公益机构和政府推广组织利用公共信息资源，对农业农村进行信息开发、服务和推广，提高信息服务的覆盖率，使农户有信息可寻、有信息可用，降低信息搜寻成本，从而促进农户参与互联网创业。

第四，信息技术赋能农业创业实践。新型职业农民在开展农业创业活动过程中，要充分利用各级政府部门颁布的一系列优惠政策、完善的农村基础设施建设，不断充实自身互联网创业素质和业务技能。在此基础上，新型职业农民要尽可能地使用和探索信息技术赋能自身的创业实践。例如，在开展网络营销的过程中，采取曼陀罗法、心智图法、头脑风暴法、逆向思考法等，使创业团队碰撞出更多的创意火花。不断细化"互联网+"农产品上行营销、社交电子商务直播活动等的细节。例如，广西浦北县依据"小产业做特、大产业做强"的指导思想，指导当地新型职业农民充分利用网络化技术，实现了线下线上生产、经营、管理、销售、售后的有机结合。当地农民利用微博、微信、电商平台（如淘宝、京东、拼多多等）、社交媒体（如抖音、快手、今日头条等）等，建设了特色鲜明的"微菜园""微田园""微鸡场""微果园"，友好的网络化交互界面为城镇消费者、农村养殖户、种植户、中间代理商搭建了沟通渠道。

三、互联网创业的发展趋势

新型职业农民的互联网创业活动呈现出全开放、多用户、无边界、强互动的特征，拥有门槛低、易转型等优势，存在市场体量大和商机多的现象，也面临缺乏经验、融资难、竞争激烈和安全隐患多等劣势或风险。

在互联网经济和"大众创业、万众创新"的时代，创业问题已成为社会的热点和焦点问题，而新型职业农民互联网创业活动让社会更加关注。互联网创业成功案例比比皆是，失败现象也层出不穷。在互联网经济环境下如何降低创业失败率，探索互联网创业的新模式，助推农村经济高速发展，已成为重要课题。

运用 SWOT 分析法，综合考虑互联网创业行为所面临的外部环境因素和内部资源能力因素，进而分析其发展优势、劣势。

（一）优势分析

1. 具有年龄优势

进行互联网创业的群体在年龄上属于较年轻的群体，平均年龄在 33.7 岁。互联网创业已成为年轻人追求梦想、实现自身价值和参与社会劳动的重要途径，这些创业者用技术、青春、激情和活力使互联网创新创业渐成燎原之势。

2. 具有强大的营销优势

互联网平台以及软件和技术有着先天的营销优势，如搜索引擎的自然排名、微博的文章和话题引流量、电子邮箱营销、虚拟社区和论坛营销、大数据营销、微信营销、短视频营销、直播带货等都为新型职业农民创业者开展网络营销提供了多种选择。

3. 拥有资源优势

成本低廉的数字资源是新型职业农民进行互联网创业的核心要素，互联网上汇聚了海量来自各领域的人脉资源、人才资源、市场资源、管理资源、科技资源、金融资源、信息资源等，互联网创业者依靠、整合、把握这些资源，最大限度地使用、利用这些资源，形成自己的核心竞争力。

4. 拥有跨区域、跨时间优势

互联网具有跨区域、跨时间、共享化、平台化、多元化和个性化特征，基于"自然世界、信息空间、人类社会"三个维度构建了一个"数字社会"，网民在这个"数字社会"创新、创业、就业、生活、娱乐和消费。

5. 拥有低成本投入优势

新型职业农民互联网创业需要的启动成本很低甚至几乎为零。只要选择好项目、专注做项目，做好引流、转化和成交，就有可能达到创业成功。

6. 创业转型比较容易

当目前的项目已经处在衰退期时，如果想转型或者更改创业项目，只要创业者拥有一定数量的忠实粉丝，那么转型或者更改创业项目就是比较容易的事情，其忠实粉丝还会一如既往地支持新项目。

（二）劣势分析

1. 大多数新型职业农民缺乏互联网创业经验

新型职业农民大多都缺乏互联网创业经验，缺乏互联网思维，并且互联网企业的管理经验也不足，缺少互联网人脉和资源，洞察不清互联网的发展规律，对互联网平台的复杂性缺少应对措施。因为互联网市场以大数据、5G、物联网、区块链等新技术持续赋能，所以互联网迭代变化非常快，互联网新竞争方法、新现象、新业态不断出现，经验不足的互联网创业者往往会不断掉入一个又一个互联网陷阱中。

2. 新型职业农民互联网创业人力管理不规范

很多互联网创业项目是家族或者与朋友合伙创办的，都带有非常浓重的感情色彩，比较注重亲情与友情关系的管理，这与现代企业管理理念是相背离的，也导致没有血缘、情缘的人才频繁跳槽，大多数互联网创业农民没有参加任何社会保险。

3. 新型职业农民普遍缺乏创业资金

新型职业农民互联网创业项目的启动资金较少，如淘宝、拼多多和京东都是零元入驻，虽然创业启动资金较少，但是后续的店铺推广费用很大，要想把创业项目做大则必须融到更多的资金，但是资金市场的基金、金融机构、风投更多青睐于互联网科技创新领域，并且融资的条件苛刻，一般的、普通的创业项目的融资是非常艰难的。

（三）机会分析

1. 互联网消费者市场巨大

互联网拥有世界上最大的消费者市场，2020年，脸书月活跃用户超过25亿人，淘宝拥有7.8亿多名活跃用户，亚马逊拥有3.1亿多名活跃客户。消费者市场巨大是互联网创业相对传统创业来说最独特的优势，互联网上的创业者面对的是全球、全国的互联网用户，这些用户都可能变成潜在客户。

2. 数字消费成为人们的一种习惯

目前我国电子商务的发展越来越成熟，"互联网＋"零售形成了人们的日常消费，由于网上商品类目繁多且能满足不同层次人群的需求，且商品价格稍低于实体店，足不出户就能购物，节省了外出购物所花费的时间和出行费用，这种省钱、省力、省时的购物模式吸引了越来越多的人到网上购物。随着电商平台、大数据、物联网的发展，数字消费已逐渐成为人们的一种消费习惯。

3. 农村数字经济高速发展给新型职业农民提供了无限商机

数字经济创造了很多新职业、新业态、新商业模式，基于数字经济产生的网购、共享单车、众创、众包、众筹、在线支付、普惠金融、在线教育、自媒体、智慧交通、在线问诊、云物流，既是社会的新业态、商业的新结构，又是经济的新范式，给创业者提供了无限商机。

（四）威胁分析

1. 互联网创业门槛低很容易被跟进和模仿

在互联网上一旦有一个比较成功的创业模式，马上就有一大批模仿者跟进，甚至一些互联网界的行业领先者也跟进模仿，由于这些行业领先者在资源、技术、资金、渠道等方面拥有绝对的优势，所以他们在很短的时间内就会超越初创者占据市场。

2. 互联网的基础设施存在很多安全隐患

我国正处在互联网市场的高速发展时期，在基础设施方面存在很多安全隐患，如处理和解决个人隐私泄露问题、知识产权问题、网络暴力问题、网络欺诈问题、黑客攻击问题、税收问题等的法律法规还不太健全，这些问题的存在给互联网带来了安全隐患。

3. 互联网上的竞争越来越激烈

越来越多的创业者涌入互联网和移动互联网创业，导致互联网市场竞争异常激烈。国内最大的购物平台淘宝网一共有注册用户 3.7 亿，每天都有几千家店铺倒闭又有几千家店铺开业，这是非常严重的同质化竞争。

第四节　新型职业农民互联网创业素养

伴随着信息通信技术的发展，互联网创业素养成为信息时代新型职业农民提升的新趋向。我国接入国际互联网近 30 年，互联网发展取得了举世瞩目的成绩。各行各业在"互联网＋"的引领下都在悄然发生着重大变化，农业发展也不例外，"互联网＋"农业已经成为现代农业发展的典型特征，如何培养新型职业农民的互联网创业素养是当下新型职业农民互联网创业发展的关键所在。

一、基本素养及基本要求

（一）基本素养

1. 创业梦想

人们常说"有梦想才会有希望"，很多成功的创业者最初走上创业之路，都是源于自己内心或大或小的梦想。梦想是创业路上的动力源泉，一个没有坚定梦想的创业者，一旦遇上困难或者挫折，首先放弃的往往是梦想。很多创业者都是白手起家，从选择创业的那一刻起，他们就把梦想变成了自己矢志不渝的追求，且不会轻言放弃。

2. 要有坚定的创业精神

不管自己在创业前做了多么充分的准备，在创业过程中，都会遇到各种突发或者预想不到的问题，影响创业的因素很多，谁也无法保证每一次的决策都是对的、每一个方向都是正确的，在这个过程中会遇到各种困难，很多因素都会导致创业陷入失败的境地。每当这时候，一般的创业者都会觉得前途一片黯淡，似乎走到了绝境。在遭遇困境的时候，创业者一定要走出去，义无反顾地坚持下去，要有"天无绝人之路"的信念，并凭着坚定的信念渡过难关。创业目标实现的时间通常都会比预想的长很多，所以创业者不要有太高的预期，不要太理想化，要脚踏实地，要有耐心地寻求转机。

3. 文化素质

进行互联网创业的新型职业农民所具有的文化素质对创业起着举足轻重的作用。自 21 世纪以来，农业的发展主要基于高新技术的运用，而且传统农业向农业工业的转变对农民的素质提出了更高的要求。新型职业农民不仅要学习各种先进的农业技术，还要随时关注国内时政，对政策的调整要非常敏感，也需具备一定的法律知识，能够用法律维护自己的权益，更要更新自己的经营理念，提高自己的管理水平，在市场竞争中占得先机。

（二）基本要求

1. 良好的创业品质

（1）诚信

不管是不是创业，作为一个具有基本素质的人，在任何时候，诚信都是最基本的要求，是人人应该具有的基本品格。对于创业者来说，诚信更重要，一个诚信的企业才能得到顾客的信任。诚信是一个企业的无形资本，也是一个企业永恒的竞争力。一个讲诚信的人，代表了他是个讲文明的人。有诚信的人，往往会受到其他人的欢迎和尊重，也会得到更多的合作机会。诚信是为人之本，是立身处世之本。做企业和做人一样，一个企业需要获得长久的发展，必须以诚信立足。企业诚信是关系企业生死存亡的大计，应该伴随企业发展的每一天。诚信能在无形中提升企业的社会地位和品牌知名度，使企业具有更好的竞争优势。从一定程度上说，诚信是企业的一种生产力，可以降低企业成本、提高效率。对于新型职业农民互联网创业来说，也是一样的道理，只有坚持诚信经营，创业项目才有未来。

（2）社交

企业的发展，需要和谐的环境。这非常考验企业创业者的社交能力，创业者需要处理方方面面的事务和关系，如与政府部门、媒体、客户以及同行业企业的关系，在内部也要理顺部门权责、协调员工关系。而为了使企业发展壮大，尤其需要争取到政府主管部门、工商部门、税务部门的支持。一些创业者，由于自己不善言谈，不喜欢与人交往，觉得只要自己埋头苦干就行了，但做企业，一定要灵活地掌握企业发展的规律和原则，团结一切可以团结的力量，将其化为企业腾飞的资源。当然，不管是处理何种社交关系，都必须坚持自己的底线和原则，不触犯法律法规。作为管理者，更要注重沟通协调，坚持以人为本，正确处理企业内部的人际关系，这样才能建立起有利于自己的和谐创业环境，为成功创业打下良好的基础。

2. 全面的创业能力

创业能力的形成和发展与社会实践是密不可分的。创业能力是一种以智力为核心的综合性能力，是一种具有突出创造性的能力。创业能力包括决策能力、经营管理能力、专业技术能力等。

（1）决策能力

所谓决策，通俗来说就是"拍板""决断""敲定"。决策能力是创业者根据主客观条件因地制宜、正确地制定出企业发展的目标、方向以及具体的实施方案的能力。每个人所处的环境、个人品行等条件都不相同，所以在众多的创业目标和方向中需要结合自身的条件综合考虑哪种目标是适合自己的、是能发挥自己的能力和优势的。选定好目标后，在具体的创业过程中，还需要有良好的分析问题的能力以及敏锐的判断能力，这样才不会在错综复杂的局面中手忙脚乱、一片茫然。

（2）经营管理能力

经营管理能力既包括对企业人员的管理，也包括对企业运营资金的管理。这种能力是创业者事业成功的保障，也是创业者众多能力中最核心的能力，它是一种综合性很强的能力。经营管理是对人员、资金各方面进行最优组合，并根据企业的运行情况，及时调整这种最优组合，这就要求创业者从学会用人、学会经营、学会管理、学会理财等方面入手，不断从实践中总结经验教训，汲取好的经验，从而完善企业的经营策略。

（3）专业技术能力

新型职业农民在互联网创业过程中还应该具备处理专业技术问题的能力，包括掌握必要的专业技术知识。虽然一些企业管理者并不需要进行具体技术业务的操作，但在宏观上对企业进行指导时，需具备一定的专业基本知识，这样可以更好地把握企业发展的方向，在企业进行合作、谈判、招标等方面都会具有一定的优势，否则就无法对业务活动中出现的问题进行准确判断，无法从技术上给予员工正确的指导，这会缩小管理人员的影响力和降低他们的工作效率。

3. 发现商机、善于创新的能力

创新是创业精神的核心。创业的过程就是有所发现、有所发明、有所创造、有所突破的过程。这是一个持续的过程，对创业者会有比较高的要求。在现实生活中，能做到不断创新的企业家并不是很多，但一旦企业拥有自己的创新点，就会在同行业具有很大的竞争优势，从而快速占领市场，为企业带来更多的经济效益。

4. 善于合作、创造共赢的能力

人多力量大，团结就是力量，在当今社会，单靠一个人的智慧和能力是很难办成大事的。越是成功的创业者，越懂得如何与别人合作，从而创造共赢的局面。只有合作，让身边的人也能享受到正面的利益，才能最大限度地推动自己的事业向前发展。

（三）"互联网 +"意识和创新思维

新型职业农民借助互联网，对市场、产品、技术、资源等信息进行广泛收集和专业分析，重塑整个农业产业链，可向社会提供更优质的农产品、更顺畅的销售渠道和更完善的售后服务。"互联网 +"是一个工具，更是一个创新平台。只有充分应用互联网技术与创新管理模式，才能实现一体化、信息化与智能化。因此，"互联网 +"农业不仅要加技术，更要加创新思维，新型职业农民必须具有强烈的"互联网 +"意识和创新思维，这是实现互联网创业发展的最重要的基础。

（四）互联网技术应用能力

基于互联网的信息技术层出不穷，不断更新换代，同时信息技术本身具有普适性。其应用领域往往并非农业，应用到农业上来需要"嫁接"。新型职业农民要掌握并能善于利用互联网及现代信息技术手段，如农业电子商务中的新模式，包括农业产前、产中、产后等各个环节产业链的渗透融合。其目的就是充分利用"互联网＋"，节本增效，开拓市场，提升农业产出率，构建新的经济增长点，从而促进农业转型升级，推动现代农业持续发展。

二、创业素养培养的必要性和可行性

（一）必要性

开展创业素养的培养，是互联网创业的必然要求。互联网创业的大众化使得新型职业农民的创业形势非常严峻，不是所有的新型职业农民都能到现成的行业中去工作，而是有相当一部分新型职业农民需要自主创业。新型职业农民在互联网创业的过程中会面临前所未有的压力，他们的就业和创业极大地影响着农村经济的发展。

（二）可行性

首先，从新型职业农民的特点来看，一般来说，新型职业农民具有一定的人际交往能力、动手实践能力和吃苦耐劳的精神，这都有利于创业教育的开展。其次，由于新型职业农民培育中职业能力和行为的培养，新型职业农民具备了一定的专业能力和网络使用能力等，因此，可以利用"专业技术＋网络"实现多渠道的互联网创业过程，从而增加创业成功的概率。

三、互联网创业素养培养的若干建议

（一）国家重视培养新型职业农民的基本能力

国家应该对此类问题给予充分重视，根据社会的发展、时代的进步、商业的发展规律及时制订和调整适合新型职业农民的培养方案。科学合理地设计互联网创业培训课程，是互联网创业培训的头等大事，关系到创业培训的全面普及能否最终取得好的工作成效。互联网创业培训目标的实现，需要合理的培训内容和结构的支撑。

（二）国家应该从各个方面给予支持和鼓励

国家应该给予新型职业农民大力的支持，并鼓励他们大胆进行实践，营造适合新型职业农民互联网创业的氛围。新型职业农民创业素养培养的成功与否，还需要有一个良好的激励机制。首先，政府应切实采取有效措施鼓励创业。新型职业农民互联网创业是一项开拓性事业，需要来自各个方面的支持，尤其是政府的支持。政府应加大在创业培训方面的经费支持和师资资源投入，同时能出台有利于新型职业农民互联网创业的具体措施和扶持性政策，为新型职业农民创业提供方便。其次，地方政府要及时采取有利于新型职业农民创业素质提升的各种举措，如进行创业资金的支持、及时的创业培训指导等，提升新型职业农民的创业激情。同时，制定奖励政策，对创业中特别优秀的新型职业农民及团队给予表彰和奖励。

（三）多元化探索、强化新型职业农民专业技能培养

互联网创业对农民的实践能力要求极强，对新型职业农民的培养也是着重于新型职业农民的专业技能掌握水平和实际操作能力。结合市场需求，朝着多元化、专业化方向对新型职业农民进行培养，主要是对新型职业农民的专业技能进行全方面、深层次的强化，以便职业农民适应互联网。为此，还要让新型职业农民接触到、了解到互联网创业的流程和操作，这个平台需要政府来提供。

随着互联网的飞速发展，互联网创业势头正猛，在对人才大量需求的基础上，对人才的专业性也有了特殊的要求。不难看出，农村经济的发展与农村互联网创业产业的发展息息相关，互联网创业产业随着科技创新而变化，随着电子商务平台的变化而丰富。新型职业农民只要立足现实，顺应互联网创业的发展趋势，勇于创新，就能找到一条适应新型职业农民互联网创业发展的道路。

第四章　新型职业农民互联网创业实践探索

当下，互联网创业已经成为潮流，新型职业农民创业方向也不断投向互联网领域，然而创业过程也面临着巨大的挑战。本章主要介绍新型职业农民互联网创业实践探索，分别从新型职业农民的互联网创业机遇、新型职业农民互联网创业模式和项目实施、农村电子商务这三方面进行了详细论述。

第一节　新型职业农民的互联网创业机遇

一、互联网为新型职业农民创业提供了可靠平台

云计算是"互联网+"的主要技术形式，通过云计算，可以实现对海量数据信息的分析与处理，帮助人们更好地分析和解决实际问题。新型职业农民互联网创业时，会将相关的信息资源上传至"云"，通过云计算的方式，帮助新型职业农民找到正确的互联网创业方向，并实现信息资源的有效共享，从而提升新型职业农民互联网创业实践成效和成功率。

二、农村地区的创新创业环境持续改善

近些年农村人居环境整治行动的开展、公共服务和基础设施的建设、乡村文化的丰富发展使得农民的生活条件逐步改善，交通物流与农产品仓储保鲜的不断完善实现了城乡要素的双向流动，乡村的资源优势不断被发现被开发，为农村地区的返乡创业提供了良好的创业环境。2021年的《中共中央国务院关于全面推进乡村振兴加快农业农村现代化的意见》明确要求"全面促进农村消费"。要完善县、乡、村三级农村物流体系，推进电子商务进农村和农产品出村进城，实现城乡生产与消费有效对接。同时在农村发展线上线下相结合的服务网点，满足农村居民消费升级需要，吸引城市居民下乡消费。相关政策充分体现了农村发

展的重要地位，农村地区不断完善的人居环境、消费环境、创业环境，为新型职业农民互联网创业提供了广阔良好的创业空间，让新型职业农民的互联网创业项目可以顺利开展。

三、互联网创造了更好的创业机会

一方面，在"互联网+"模式下，衍生出了更多的行业分支，这为新型职业农民创业活动提供了更多的机遇。另一方面，"互联网+"为新型职业农民的创新创业提供了更多的资源。例如，互联网与金融业的结合，能够为新型职业农民的创业活动提供更多的资金保障。而新型职业农民创业成功，又可以创造出更多的就业岗位，进而形成良性循环。

四、新型职业农民创业群体自身具备优势条件

新型职业农民创业群体对其他农民创业群体而言，具有较高层次的知识积累、较强的专业能力以及较科学的思维方式。他们可以凭借专业的领域分工、先进的管理模式以及敏锐的判断决策来推动返乡创业项目的顺利进行。新型职业农民敢于尝试新鲜事物，思维活跃，勇于创新，有专业技术，同时具备自主学习的能力，拥有一定的现代化企业管理知识。同时，利用现代科技、互联网技术、开阔的视野和市场眼界可以及时发现农村地区的创业机会，让新型职业农民的互联网创业之路拥有更多的机遇与可能性。

五、农村产业正向着规模化、集约化、现代化的经营方向发展

当前我国正深入贯彻新发展理念，引领现代化建设，推进产业结构优化升级，充分发挥专业分工、规模效益、集聚效应，促进产业多元化发展。相关文件也提出，构建现代乡村产业体系，加快健全现代农业全产业链标准体系。现阶段通过利用现代科学与技术，农村产业正向着规模化、集约化发展，形成了特色农业种植深加工一体化、互联网农产品商贸经营等多样式的创业模式。加快推进物联网、人工智能、大数据、区块链、5G等现代信息技术在农业生产领域中的应用，推动智慧农业的发展，加快农业产业数字化进程。乡村的新业态建设以及智慧农业的推进，让农村的产业朝着规模化、集约化、现代化的方向发展，为新型职业农民的互联网创业提供了发展平台。

六、农业创业的政策支持

（一）农业支持保护补贴政策

为提高农业补贴政策效能，2016 年，国家启动农业"三项补贴"改革，将种粮农民直接补贴、农资综合补贴、农作物良种补贴合并为"农业支持保护补贴"，政策目标调整为支持耕地地力保护和粮食适度规模经营。主要调整措施是：将 80% 的农资综合补贴存量资金，以及种粮农民直接补贴和农作物良种补贴，用于耕地地力保护。补贴对象为所有拥有耕地承包权的种地农民，享受补贴的农民要做到耕地不撂荒，地力不降低。补偿金与耕地面积或播种面积挂钩。

（二）农民能力建设政策

1. 培育新型职业农民政策

2016 年，中央财政投入 13.9 亿元农民培训经费，继续实施新型职业农民培育工程，在全国 8 个省、30 个市和 500 个示范县（含 100 个现代农业示范区）开展重点示范培育，探索完善教育培训、规范管理、政策扶持三位一体的新型职业农民培育制度体系。实施新型农业经营主体带头人轮训计划，以专业大户、家庭农场主、农民合作社骨干、农业企业职业经理人为重点对象，强化教育培训，提升创业兴业能力。

2. 培养农村实用人才政策

2016 年，继续开展农村实用人才带头人和大学生村干部示范培训工作，面向全国特别是贫困地区遴选 1.7 万多名村"两委"成员、家庭农场主、农民合作社负责人和大学生村干部等免费到培训基地考察参观、学习交流，全面推进以新型职业农民为重点的农村实用人才认定管理，积极推动有关扶持政策向高素质现代农业生产经营倾斜。

（三）新型农村建设政策

2016 年《中共中央国务院关于落实发展新理念加快农业现代化实现全面小康目标的若干意见》明确提出，要大力发展休闲农业和乡村旅游。《关于积极开发农业多种功能大力促进休闲农业发展的通知》指出，积极探索有效方式，改善休闲农业和乡村旅游重点村基础服务设施建设，鼓励建设功能完备、特色突出、服务优良的休闲农业村和休闲农业园；鼓励通过盘活农村闲置房屋、集体建设用地、"四荒地"和可用林场等资产发展休闲农业和乡村旅游；加强品牌培育，开展全国休闲农业和乡村旅游示范县示范点创建活动、中国重要农业文化遗产认定、休闲农业和乡村旅游星级企业创建活动等。

2016 年，国家有关部门采取了一系列措施引导支持家庭农场健康稳定发展。这些措施主要包括：建立农业部门认定的家庭农场名录，探索开展新型农业经营主体生产经营信息直联直报。继续开展家庭农场全面统计和典型监测工作。鼓励开展各级示范家庭农场创建，推动落实财政补贴、税收优惠、信贷支持、抵押担保、农业保险、设施用地等相关政策。加大对家庭农场经营者的培训力度，鼓励中高等学校特别是农业职业院校毕业生、农村实用人才、务工经商返乡人员等兴办家庭农场。

（四）财政金融政策

2015 年，《关于财政支持建立农业信贷担保体系的指导意见》（财农〔2015〕121 号）提出，力争用三年时间建立健全具有中国特色、覆盖全国的农业信贷担保体系框架，为农业尤其是粮食适度规模经营的新型经营主体提供信贷担保服务，切实解决农业发展中的"融资难""融资贵"问题，支持新型经营主体做大做强，促进粮食稳定发展和农业现代化建设。

全国农业信贷担保体系主要包括国家农业信贷担保联盟、省级农业信贷担保机构和市县农业信贷担保机构。中央财政利用粮食适度规模经营资金对地方建立农业信贷担保体系提供资金支持，并在政策上给予指导。财政出资建立的农业信贷担保机构必须坚持政策性、专注性和独立性，应优先满足从事粮食适度规模经营的各类新型经营主体的需要，对新型经营主体的农业信贷担保余额不得低于总担保规模的 70%。在业务范围上，可以对新型经营主体开展粮食生产经营的信贷提供担保服务，包括基础设施建设、扩大和改进生产、引进新技术、开拓市场与建设品牌、土地长期租赁、资金流动等方面，还可以逐步向农业其他领域拓展，并向与农业直接相关的第二、第三产业延伸，促进农村第一、第二、第三产业融合发展。

第二节　新型职业农民互联网创业模式和项目实施

创业模式主要是指创业者为实现自身的创业理想与权益，对创业过程中的各种要素进行合理配置的范式。我国已进入"互联网＋"时代，新一轮互联网创业浪潮正在形成，而互联网创业有着独特的技术特点和特殊的经营模式。

一、新型职业农民互联网创业模式

以互联网为基础的创业模式主要包含四种，分别为 PIS 模式、C2C 模式、B2C 模式与 C2B2C 模式。以 PIS 模式为例，其属于初级互联网创业模式，在互联网创业人员日益增多的情况下，若商业布局较大、生意较多，则可外包出去部分工作内容，如互联网平台经营或机械性、繁杂琐碎的工作内容等。这时若有创业人员初步进入互联网行业，便可接下此类初级互联网服务的外包工作，通过向互联网用户提供优质服务而获取报酬。

（一）"互联网 +"乡村旅游

近年来，农业有关部门逐渐提高了对乡村旅游建设的重视程度，积极推动休闲农业的高效创建与合理规范，将乡村旅游设为重点发展对象。这为新型职业农民在农业领域的创新创业提供了良好的发展契机。他们要想在农业创业上有所成就，应对家乡地区的地理景观与人文风貌充分调研，依托互联网构建农村旅游新模式，切实提升网络经营的营销水平、服务水平与管理水平。充分引入现代化商业经营管理模式，全方位打造生态农业观光园，形成乡村休闲旅游新形态。

（二）特色农产品电子商务

许多乡村地区与偏远市区县都拥有特色、优质的新鲜农产品，但由于销路受限，销售市场无法拓展，农产品滞留甚至腐烂。同时由于农业生产者品牌意识缺乏，尽管特色农产品具有一定的地理标志意义，但也未能在更广泛的范围内推广宣传。因此若计划以特色农产品电子商务为着手点，新型职业农民互联网创业应做到以下几点。一是合理选择产业基地与服务对象。例如，可以将基地设为家乡城县区域等，将商务服务对象设定为经营业主等。同时做好农产品的整个销售流程计划，从创新包装农产品品牌入手，通过互联网平台开展网络营销，然后逐渐构建良好的流通渠道，将农业电商建设和运营服务等整个流程提供给用户。二是塑造独特的产品品牌。要实现农产品附加值的有效提升，应依托品牌故事深化品牌文化内涵，将产品特色鲜明地展示出来。三是在互联网时代，对网络产品如食材产品等，消费者的信任度普遍较低，更倾向于实地购买。若要发展农产品销售电子商务，应将产品溯源等先进新技术积极引入产品销售产业链中，为每一项产品制定专属二维码，这样消费者便可以通过扫描二维码全面掌握产品的生产来源与品质信息等，这对互联网销售平台的信任度也大幅提升，有助于推动农业产品网络营销的高效发展。

（三）农产品微商

在大部分新型职业农民的初级创业阶段，启动资金往往不多，可靠的融资渠道较少，不具备良好的抗风险能力，因此重模式的创业项目并不适合初期的创业人员。与此同时，在许多社交平台，新型职业农民是核心的活跃群体，其网络社交关系也随着时间积累而逐渐拓宽。因此，若要以小成本进入网络市场，则微商模式是最佳选择，农产品销售可以通过微博、微信等覆盖较广的社交平台来实现。社交网络中的熟人，彼此之间信任度更高，能达到口碑相传的良好营销效果。借助微信等网络平台能将产品销路进一步扩大，从最大限度上提升农业创业的经济价值。

（四）淘宝客

淘宝网诞生之后，2007 年又催生了一个新的职业叫作淘宝客。淘宝客相当于网上的导购，只需要建立一个网站，加上其他店铺的代码链接，就可以推广其他店铺或商品。如果买家成功实现交易，淘宝客就可以赚取店铺的佣金，这被称为零成本投入的行业。时下越来越多的人兼职当淘宝客，个人做得成功的月入上万。据业内人士反映，更有一些专门做淘宝客的团队，每周入账数万元。区别于网店客服的是，淘宝客可以自行通过博客、网站等渠道推广产品，而不用像客服一样，被动地等买家上门咨询。网上店铺成千上万，买家都有一个需求，就是希望有人来导购，而不是在海量的店铺里盲目寻找。目前的淘宝客网站，有的主推店铺，有的主推单品。新型职业农民互联网创业初期的资金基础薄弱，可以选择淘宝客这种零成本无投入的创业模式。

（五）农产品网络直播营销

农产品网络直播营销主要有以下几类，新型职业农民互联网创业可以选择第二种。

1. 政府 + 特色农副产品 + 网络直播营销

直播内容：主要由政府出面直播销售地方特色农副产品。

直播平台：抖音、快手等平台。

直播案例：如安徽省宿州市砀山县良梨镇镇长通过网络直播销售砀山酥梨；安徽省阜阳市临泉县县长通过抖音网络直播销售临泉芥菜；湖南省益阳市安化县副县长通过网络直播营销安化黑茶。

这种网络直播销售形式往往以政府为主导，具有一定的公信力，农产品主要呈现地域化特点，直播效益良好。

2. 农民 + 特色农副产品 + 网络直播营销

直播内容：由农民自身对农产品的展示和体验销售农产品。

直播平台：抖音、快手、虎牙等平台。

直播案例：安徽省明光市石坝镇"夭夭果"家庭农场负责人边品尝从果树上现摘的桃子边进行网络直播营销；安徽省六安市金安区农民网络直播撒网抓鱼、采莲蓬，通过体验直播销售农产品。

这种网络直播方式是"农民自己为自己代言"，一般通过线上静态农产品展示、现场农产品品尝和现场采摘动态体验模式向消费者宣传，农户可以随时开启直播卖货，但往往直播效益并不是很好，其局限性在于消费流量少、客户群体少、产品缺乏知名度。

3. "网红"、明星、主持人 + 特色农副产品 + 网络直播营销

直播内容：通过"网红"、明星、主持人等带货方式销售农产品。

直播平台：抖音、快手等平台。

直播案例："网红""苏子户外"通过网络直播带货喀左陈醋；歌手杨坤为助力湖北经济复苏，为湖北直播带货荆州藕带等特色农产品；安徽卫视主持人王乐乐通过网络直播带货六安茶。

这种直播带货方式是目前最为常见的形式之一，"网红"、明星、主持人利用其自身影响力和"明星效益"进行直播带货，直播流量大，消费群体广，但可持续性弱，受益农户群体范围狭隘，只是偶尔进行一次专场带货，或集中某一地区的某一农产品。

以上几种直播形式目前来说主要依靠抖音、快手等短视频平台，截至 2021 年 6 月，这些短视频用户规模已达到 8.88 亿，占总体网民规模的比例高达 74.19%，单就抖音短视频平台来说，2022 年 1 月日活跃用户超 4 亿，农产品网络直播营销有相当大的潜在消费者和客户，但对农户来说获取大部分流量仍是瓶颈，这些直播形式各有优缺点。农产品网络直播营销本质归属于电子商务范畴，尤其疫情当下乃至未来相当长一段时间，农产品网络直播营销能在一定程度上缓解地区农产品滞销窘境。可以说直播逐渐成为一种工具，而不是只有专业直播平台才能做的事情，借助直播工具——手机，传播者可以完成一对多的视频信息传输，非常形象而生动。

二、新型职业农民互联网创业项目实施

网络零售是新型职业农民互联网创业最直接的商业模式，采购或者生产产品，借助淘宝、京东、拼多多等平台开设网店进行销售，赚取差价。在此以互联网创业项目——网络零售为例，具体分析互联网创业项目的实施过程。网络零售创业内容包括网店策划、平台选择、网店开设、发布商品、装修店铺、推广店铺、订单处理和订单统计分析等，通过综合运营管理，达到互联网创业成功的目的。

（一）商品选择

网络零售创业要确定商品选择，商品选择分析思路如图5-1所示，货源、兴趣、毛利等都是商品选择的因素。

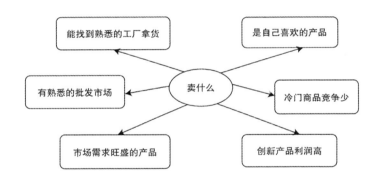

图 5-1　商品选择分析思路

同时商品选择也要考虑到以下内容。

①商品体积要小，方便运输。

②商品要具备独特性或时尚性。

③商品的价格比较合理。

④网下没有，只有网上才能买到。

⑤是否存在地区价格差异。许多商品在不同的地区，价格相差很多，如电器类，广州等沿海城市要比内陆城市便宜许多，而收藏品在古都城市（如北京、西安、洛阳）又比沿海城市便宜得多。

⑥关注其他卖家的同类商品的数量和价格。如果同种商品其他卖家也有，而且价格很低，那么建议卖家先不要将商品上架，避免因失去商品价格优势而造成损失。

（二）网店开设

1. 网店申请

随着电商的快速发展，网上开店成了众多创业者和企业实现自我价值的重要渠道。目前网上开店平台众多，如果针对消费者进行交易，网店开设可以选择淘宝、京东和拼多多；如果针对企业客户进行销售，那么可以选择"1688"、慧聪网以及各个行业网站；如果想做国际贸易，那么可以选择阿里巴巴国际站、中国制造网、环球资源网等国际贸易网站；如果想针对国外商家进行小额采购业务，那么可以通过全球速卖通、敦煌网等开展小额批发业务；如果想针对国外消费者进行销售活动，那么可以申请注册亚马逊、eBay、Wish 等平台。

开店申请的文件和资质，每个平台都有不同的要求，但是大同小异，主要是证明开店人身份的真实性，要具备开店承担责任的能力。对于淘宝网来说，开店人的身份可以是个人，也可以是企业。个人主要是提供身份证信息和手机验证等。企业客户需要提交企业工商营业执照、负责人个人信息等，针对一些特殊行业，如食品、医疗器械、酒品、音像制品等行业还需要提供经营许可证等。

网上开店，需要有一个收款账号，也就是产品销售成功后，如何将货款提现到自己的银行卡上，这就涉及电子商务支付环节。卖家最好注册一个网上银行账号，也注册一个支付宝或者微信的第三方支付平台，将收款账号和网店关联在一起，方便销售后的货款从银行卡中提现。

如果是企业店铺，那么必须上传企业工商登记的营业执照。营业执照是工商行政管理机关发给工商企业、个体经营者的准许从事某项生产经营活动的凭证。它的格式由国家工商行政管理局统一规定。没有营业执照的工商企业或个体经营者一律不许开业，不得刻制公章、签订合同、注册商标、刊登广告，银行也不予开立账户。

注册公司的新规定中，实缴制改为认缴制。将公司注册资本实缴制改为注册资本认缴制是新修改的公司法最突出的亮点。新修改的公司法规定，除法律、行政法规以及国务院决定对公司注册资本实缴另有规定之外，取消了关于公司股东（发起人）应当自公司成立之日起 2 年内缴足出资，投资公司可在 5 年内缴足出资的规定，取消了一人有限责任公司股东应当一次足额缴纳出资的规定；公司股东（发起人）自主约定认缴出资额、出资方式、出资期限等，并记载于公司章程。这一改革有利于个体创业，可以促进信用体系的建立，也有利于推动资源配置方式的转变。但是注册资本不可以一味夸大，因为注册资本代表了公司偿债的能力，一旦发生债务，必须按照注册资本金额补齐注册资本。

2. 网店取名

网络开店，第一步莫过于取一个好的店铺名称，这样才容易被人们记住，人们才会去搜索店铺，从而带来销量。

如何取一个好的店铺名称？以下建议可以参考。

①店铺名称与经营商品特色相吻合，如"小林眼镜""花嫁喜铺""糖人张""数码港湾"等，通常能反映主营商品的优良品质，也能使顾客容易识别店铺的经营范围，并产生购买欲望。

②店铺名称采用店主本人小名取名。诸如"碗儿小店""娜娜小屋"这样命名的好处是，具有亲和力，给顾客以亲切的感觉。如果店主本人在各个论坛上用自己注册的用户名发言活跃，那么就很容易让人记住是哪家店铺。但这样的店铺难以让顾客琢磨到到底卖的是什么，必须点击进入店铺才能看明白；这种类型的店铺将来较难商业化，除非店主的名字已经在某一范围内小有名气，如"网红"、微博达人等。

③店铺名称隐含店主的名字和出售的商品类型。如"小兵电子商城""静静宠物用品店""海之琴电脑之家"，这样的店铺命名是比较聪明的做法，两者兼顾，也为将来店铺进一步做大打好了基础。一般自己构建网站经营网上店铺都采用这种命名方法。

④店铺起名要吉利。好多人为店铺起名都围绕着"吉利"这两个字打转，认为只要吉利就好，生意可能就会好。

⑤店铺起名要好听。店铺名称好听不好听要看个人，但应尽量符合大众审美标准。

网络店铺取名需注意以下几点。

①店铺名称要尽量简短，避免生僻繁杂字，要容易被人记住。

②店铺名称要新颖，不落俗套，不要取低俗的名字，以免惹人反感。

③店铺名称在求新的过程中不要一味追求独特而采用生僻字，否则不利于传播。

④店铺名称避免用数字和字母来取名。

⑤店铺取名时不要违反相关法律法规，特别是未经授权，不要使用包含著名企业名称、知名品牌、知名人士、注册商标等的"授权店铺""官方店铺""旗舰店"等类型的店铺名称。

⑥店铺取名要避免政治敏感文字。

⑦店铺名称不能采用种族歧视、淫秽、仇恨的词语。

总之店铺取名要做到"简""准""独""新""高""亮"。"简"是指名字单纯，简洁明了，容易和消费者进行信息交流，而且名字越短越可以引起公众的遐想，含义更丰富。"准"是指店铺名称要与店铺的市场定位、主营商品、服务宗旨、经营目标等相和谐，以利于店铺形象的塑造。"独"是指店铺名称应具备独特的个性，力戒雷同，避免与其他店铺名称混淆。"新"是指名称要有新鲜感，能赶上时代潮流，能创造新概念。"高"是指店铺名称要有气魄，起点要高，要具备冲击力和浓厚的感情色彩。"亮"是指店铺名称要响亮，容易上口，难发音和音韵不好的字都不可做名称。

3. 店铺设置

（1）店铺 LOGO

LOGO 中文是徽标或者商标的意思，它的主要作用是对徽标拥有公司进行识别和推广，形象的徽标可以让消费者记住公司主体和品牌文化。网络中的徽标主要是各个网站用于与其他网站链接的图形标志，代表一个网站或网站的一个板块。

① LOGO 本身的线条作为表现手段，传递的信息需要符合品牌战略，以降低负面联想或错误联想风险。

② LOGO 色彩作为视觉情感感受的主要手段、第一识别元素，需将品牌战略精准定位，用色彩精准表达。

③ LOGO 外延含义的象征性联想需与品牌核心价值精准匹配。

④ LOGO 整体联想具备包容性及相对清晰的边界，为品牌长远发展提供延伸空间。

⑤ LOGO 整体设计传递的气质需符合品牌战略，整体气质具备相对具体的、清晰的、强烈的感染力，从而实现品牌的气质识别。

（2）店招

店招就是商店的招牌，有的地方叫"招子"。从品牌推广的角度来看，在繁华的地段一个好的店招不光是店铺坐落地的标志。好的店招要求使用标准色（字），色（字）宽度、长度适宜，清洁、明亮，店招周围的灯光的亮度、灯之间的间隔距离、打灯的时间都需符合要求。

（3）店铺介绍

①简洁型店铺介绍。这种店铺介绍到处可见。例如，"欢迎光临本店，本店新开张，诚信经营，只赚信誉不赚钱，谢谢""本店商品均属正品，假一罚十，欢迎广大顾客前来放心选购，我们将竭诚为您服务""本店的服务宗旨是用心服

务，以诚待人"。类似这样简洁风格的介绍相当于网店宣言，表明店铺从诚信经营出发，但看过之后，留不下什么印象。

适用网店：新店。

②传统型店铺介绍。网店介绍，即介绍网店的内容，因此，很多网店的介绍，会介绍网店由来、产品风格、产品优势等。如"本店成立于××年××月，主要给大家提供×风格的商品，质量上乘，价格适中，欢迎查看"。

这种类型的介绍，适合产品单一的店铺，特别是品牌类的，可以利用店铺介绍，突出自己的品牌优势，如一线代理、专柜正品等。

适合网店：品牌店、代理店。

③促销型店铺介绍。随着淘宝网店的发展，很多商家发现，顾客喜欢商品的促销信息，因此，很多的网店介绍，就成了促销信息介绍的地方。例如，"××月××日，新品上市，不求利润，只求销量，不容错过""××产品'白菜价'，厂家促销，只有××天""换季促销，全店商品一律×折，路过就不要错过"。

（三）商品发布

在网上卖产品，商品图是重中之重，好的图片能够吸引更多的购物者。一个完整的商品图要经过两个步骤：一是拍照，即进行原始产品的获取；二是运用图片处理软件对图片进行后期处理，如抠图和污点修复等。

1. 商品拍摄

（1）相机选择

①相机要具有全手动设置功能，相机的模式转盘上要有"M"标志。

②相机像素在500万像素以上。

③热靴，可选，连接各种外置附件的一个固定接口槽，包括闪光灯、GPS定位器、摄像灯以及麦克风等。

④具备微距功能。

（2）拍照辅助设施设备

①三脚架：防止抖动。

②灯光：根据需要配备1~3组灯光。

③摄影支撑物：柔光摄影棚或是静物台，光线充足的平台也可以。

④背景：同颜色的背景布、麻、丝、缎甚至植物叶片等，白墙也是很好的背景。

⑤其他小附件：反光板、柔光箱、滤片、液晶灯等。

（3）布光

光线是画面视觉信息和视觉造型的基础。光线不仅可以提供照明，还使人们看清事物，而且不同的光线还可以使人们从视觉传达的直观认识转入形象思维的心理感应。

（4）构图

在拍照的时候怎样将商品更好地展示在一张照片上，拍摄的主体是放大还是缩小，这些都属于构图范围。常用构图方法有：黄金分割法、三分法、均分法、疏密相间法和三角法。

2. 商品详情页设计

商品的详情页是商品的展示区，能够进一步激发顾客的购买欲望。设计优良的商品详情页，既能提高转化率，又可增加整个店铺的浏览量。设计一个商品详情页大致分为以下三步。

（1）分析产品

产品是制作详情页的根本，对产品的分析包括产品的优势、劣势、机会、威胁分析，并最终明确产品特点。

（2）分析目标人群

商品的销售对象要明确，目标客户的年龄、性别、消费层级、消费习惯、购买可能产生的顾虑及如何解决顾虑等都要明确。

（3）分析买家浏览习惯

根据买家的浏览习惯，详情页不能设计太长。图片不要多于 25 张，每张图片像素不能高于 1500 像素，大小也不要过大，加载时间不能过长，过长会导致买家直接关掉商品详情页。图片用高清大图，要有高清细节，文案要精炼，排版要有条理。

3. 商品关键词选取

好的商品标题，会更加符合搜索引擎的搜索规则及消费者的搜索习惯，能给店铺带来更多流量。一个标题大概由三种词构成。

①核心词。所谓核心词就是商品的名称，是行业内的"大词"，如"连衣裙"。

②属性词。属性词就是用来描述商品的风格、颜色、材质等词语，如"雪纺连衣裙"。

③目标词。以上两种词的组合，起到吸引买家、获得排名的作用，如"2018年雪纺连衣裙明星同款"等。

查找核心精准关键词可通过淘宝首页搜索，即点击搜索框，输入商品大类目（如女包），下拉框中会显示很多默认推荐的行业类目最热关键词，从这些关键词中可以发现某些细分类目的发展趋势，也让客户知道目前店铺主推的是哪种款式的商品。

（四）网店装修

1. 装修的作用

（1）提升网店品牌形象

精良的网店设计可塑造店铺完美的形象，加深买家对网店的印象，有利于网店品牌的形成。

（2）与竞争对手进行区分

具有鲜明特色的网店风格的店铺会与其他店铺产生区别，容易被买家感知，使买家在心理上产生认同感。

（3）提高商品与买家的接触概率

通过网店的装修，卖家可以将主打商品或折扣商品在首页中的醒目位置显示，提高与买家接触的概率，提高转换率。

（4）增加网店诱惑力

一个良好的网店装修可以给买家留下美好的第一印象，从而对网店甚至网店中的商品产生好感，有利于成交。

2. 装修的定位

网店的装修定位是根据主营业务与购买人群来确定的，只有明确了主营业务与购买人群，网店装修时才能设计出特有的风格，并提升店铺的点击率，增加页面访问深度，减少用户的跳出。

网店装修定位有风格定位和品牌主色调定位两种。

①网店装修风格定位。网店装修风格定位比较多，有现代简约风格、田园风格、复古风格、新古典风格、日式风格、俏皮可爱风格等，网店要根据自己的产品和目标人群去选择自己的风格。如果是田园风格，就要表现出一种亲近自然的气息，主要是突出朴实、亲近自然，推崇自然美，采取更能反映自然和亲切的色彩，如绿色、奶白色等。

②网店装修品牌主色调定位。每个主色调都能营造出不同的感觉，不同品牌和产品也是需要色调去表达的。主色调选好了，也要选出与之搭配的色调，使得整个页面看起来内容更饱满，从而提升整体的视觉感受。

（五）网店推广

1. 广告

广告是以付费方式通过广告媒体向消费者或用户传播商品或服务信息的手段。可以通过淘宝、京东、拼多多等平台的流量广告进行网店的推广。广告投入成本比较高，所以要对投入和产出做精确的分析，才可以决定是否投入。淘宝的直通车、钻石展位、聚划算等都是流量很大的渠道。

2. 自媒体

除了淘宝、京东、拼多多等平台，也可以借助社交化媒体平台进行网店推广，如微信、微博、直播等。微信有微信好友、微信群、微信公众号和朋友圈等，可以自己运营，也可以投入朋友圈广告等。

如果有公众号，可以自己写作或者转载与网店相关的文章，然后通过各个网络平台发布出去，通过用户的点击实现推广的目的，通过阅读量带动销售额，从而获得大量的消费者。

3. 淘宝客

淘宝客是佣金赚取者，他们在淘宝联盟中找到卖家发布的产品，并且推广出去，当有买家通过自己的推广链接成交后，那么就能够赚到卖家所提供的佣金（其中一部分需要作为推广平台的服务费）。

（六）网店促销

1. 优惠券

优惠券（或称促销券）按计价形式分为打折券和代金券两种。

（1）打折券

打折券一般指消费（或购买）发生时，消费者（或购买者）可凭打折券在商家公开的清单价格基础上，按打折券所规定的比例折扣计价，如两折优惠就是在清单价格基础上打20%的折扣。

（2）代金券

代金券一般指载有一定面值的促销券。如100元代金券，指的是消费（或购买）时使用该券，可以抵用100元现金。

优惠券其实是一种短期刺激消费的工具，它与积分刚好构成了日常营销的基本工具。消费者使用优惠券的目的不言而喻，当然是为了省钱，同时也为商家做了无形的广告。

2. 拼团

拼团被视为社交电商下的社交，由于其自带营销属性，因此较好地解决了产品推广和流量的问题。最常见的就是"团长"在社群中发布的相关拼团活动，随后成百上千个社群内的弱关系用户便自由组团，使得参团人数呈裂变式增长。

拼多多主要是拼团的销售方式，该平台取消了购物车，主要是货找人，通过参加团购方式进行购物。

小区团购也是目前比较流行的方式。

3. 活动

活动是商家经常采用的方式，如天猫推出的"双11"活动、京东推出的"6·18"活动都是电子商务经营中的重要商业活动，可以报名参加平台的活动，直接借助平台流量达到扩大销售的目的。

（七）订单处理

1. 订单

电子商务的网店系统，都有订单管理功能，卖家可以方便地查阅客户订单信息，订单可以集中处理，与仓储管理对接后，进行包装和发货处理。订单拣货可以按照单个订单逐一拣货包装，也可以集中部分订单统一拣货后再按照订单逐一配货，需具体看哪种方式更适合业务的开展。

2. 快递

快递是发货的重要环节。一般快递公司都会提供订单模板，只需将订单和快递公司系统对接，就可以直接打出快递单，让发货流程更流畅。

3. 退货

客户退货是一件不愉快的事，卖家一定要明确退货原因，设计好退货流程，让客户能方便地进行退货，避免造成不良影响。

4. 客服

客服是网店直接面对买家的服务，良好的客服可获得买家的好感，促进商品销售。优秀的客服会增加店铺的客流量。

（八）支付结算

1. 电子商务结算

狭义的电子商务结算，是指进行电子商务交易的当事人使用电子支付手段，通过网络进行的货币支付和资金流通活动。从广义上看，电子商务结算是以电子信息传递形式实现资金流通和支付的过程。

目前第三方支付平台支付宝、微信成为支付结算的主要工具，同时也有聚合支付公司实现了一款可以同时接受支付宝和微信两种支付的方式。

2. 网站结算方式

（1）结算周期

每个电商平台对入驻的商家都有结算周期，一般订单完成且没有退款的单子都会按照要求打款给商家，如每月结算两次。

①每月1日结算：上月16日0点至上月最后一天23点59分59秒之间完成的订单及已完成的退货相关退款单。

②每月16日结算：当月1日0点至当月15日23点59分59秒之间完成的订单及退货相关退款单。

（2）结算金额计算

需结算给商家的金额为结算总金额，计算方式为：

结算总金额＝实际支付金额－佣金总额－退款总额＋已退货返还的佣金金额

①实际支付金额：该结算周期内所有状态为"订单完成"的订单的实际支付金额汇总。

②佣金总额：该结算周期内所有状态为"订单完成"的订单的应收取的佣金汇总。

③退款总额：该结算周期内所有退货单状态为"退款完成"且退款单来源为"退货单"的退款单退款金额汇总。

④已退货返还的佣金金额：该结算周期内退款单状态为"退款完成"且退款单来源为"退货单"对应的订单需返还的佣金金额部分。

（九）网店统计

网店分析是网店经营的决策依据，可以通过数据分析来对店铺进行经营诊断，找到店铺运营的优势和劣势，进而改进提升，让店铺经营更加高效。

"生意参谋"诞生于2011年，最早是应用在阿里巴巴B2B市场的数据工具，2013年10月，"生意参谋"正式走进淘宝系。2014—2015年，在原有规划基础上，"生意参谋"分别整合"量子恒道"和"数据魔方"，最终升级为阿里巴巴商家统一数据产品平台。大数据时代，数据是数据产品的内核，没有数据的产品只是产品，有形无神，更无法成为赋能用户的数据标杆，无法深度发展；没有产品的数据只是数据，对用户来说应用门槛太高，难以可持续发展。因此，数据产品就是要结合数据和产品的力量，赋能商家。"生意参谋"集数据作战室、市场行情、装修分析、来源分析、竞争情报等数据产品于一体，是商家统一数据产品的平台，也是大数据时代下赋能商家的重要平台。

第三节　农村电子商务

一、电子商务的概念、分类及"四流"

（一）电子商务的概念

电子商务概念众多，我们可以从不同角度来认知和理解电子商务。

电子商务是指以互联网为载体、以交易双方为主体、以银行电子支付和结算为手段、以客户数据为依托的全新商务模式。

电子商务是网络化的新型经济活动，即基于互联网、广播电视网和电信网等电子信息网络的生产、流通和消费的活动，而不仅仅是基于互联网的新型交易或流通方式。

电子商务是指交易当事人或参与人利用现代信息技术和计算机网络（主要是互联网）所进行的各类商业活动，包括货物贸易、服务贸易和知识产权贸易。电子商务是以信息网络技术为手段、以商品交换为中心的商务活动；也可理解为在互联网、企业内部网和增值网上以电子交易方式进行交易活动及相关服务的活动，是传统商业活动各环节的电子化、网络化、信息化。但是，电子商务不能等同于商务电子化。

狭义的电子商务是指通过使用互联网等电子工具（包括电报、电话、广播、电视、传真、计算机、计算机网络、移动通信等）在全球范围内进行的商务贸易活动。

广义的电子商务，就是通过电子手段进行的商业事务活动，不仅仅是商务贸易活动，还包括供应商、客户与合作伙伴之间的业务共享信息，实现企业间业务流程的电子化，配合企业内部的电子化生产管理系统，提高企业的生产、流通等各个环节的效率，也就是贯穿了消费环节以及服务领域。

从上述电子商务的概念来看，电子商务大大促进了企业、社会和个人之间的信息高度共享和社会行为高度协同，从而带动了整个经济活动和社会活动的高效率及高效能，大大促进了经济和社会的快速发展。

（二）电子商务的分类

电子商务按照交易对象来分，可以分为企业对企业的电子商务、企业对消费者的电子商务、企业对政府的电子商务、消费者对政府的电子商务、消费者对消费者的电子商务、企业对消费者的电子商务交易平台。

企业对企业的电子商务又分为综合电子商务、垂直电子商务、行业龙头自建电子商务等。综合电子商务代表网站有阿里巴巴国际站、阿里巴巴国内站、环球资源网、慧聪网等，属于行业门类众多的电子商务网站。垂直电子商务代表网站有找钢网、中国化工网、全球塑胶网、美菜网等，属于主要集中在某一行业中的电子商务网站。

消费者对消费者的电子商务代表网站有 eBay、淘宝和闲鱼等。

企业对消费者的电子商务是中国最早产生的电子商务模式，如今的企业对消费者的电子商务网站非常多，比较典型的有天猫商城、京东商城、一号店、亚马逊、苏宁易购、国美在线等。

企业对消费者的电子商务平台也就是天猫和京东的开放平台，让商家来平台开店，共同面向网络消费者，并进行运营管理。

另外，O2O 电子商务是新兴起的一种电子商务模式，即将线下商务的机会与互联网结合在一起，让互联网成为线下交易的前台。这样线下服务就可以通过线上来揽客，消费者可以在线上来筛选服务，在线结算能获得更好的消费体验，卖家也达到了快速推广的目的。O2O 电子商务模式成为 2010 年之后商家重点打造的商业模式，如饿了么、大众点评、美团、滴滴等，同时也被传统零售行业应用起来，如苏宁易购。

（三）电子商务"四流"

电子商务中的任何一笔交易，都包含着四种基本的"流"，即信息流、商流、资金流、物流。

1. 信息流

信息流既包括商品信息的提供、推广、促销、技术支持、售后服务等内容，也包括诸如询价单、报价单、付款通知单、转账通知单等商业贸易单证，还包括交易方的支付能力、支付信誉等可以表示为计算机信息的内容。

2. 商流

商流是指商品在购销之间进行交易和商品所有权转移的过程，具体是指商品交易的一系列活动，包含价格、渠道和促销等。

3. 资金流

资金流主要指资金的转移过程，包括付款、转账等。其中涉及第三方支付、银行以及聚合支付等金融机构。

4. 物流

物流作为"四流"中最为特殊的一种，其指物质实体（商品或服务）的流动过程，具体指运输、储存、配送、装卸、保管、物流信息管理等各种活动。对于少数商品和服务来说，可以直接通过网络传输的方式进行配送，如各种电子出版物、信息咨询服务等。而对于大多数商品和服务来说物流仍要经由物理方式传输，一系列机械化、自动化工具的应用，以及准确、及时的物流信息对物流过程的监控，将使物流的流动速度加快、准确率提高，从而更能有效地减少库存，缩短生产周期。

二、农村电子商务概述

农村电子商务是指通过网络平台嫁接各种服务于农村的资源，拓展农村信息服务业务、服务领域，使县、镇、村的三农信息服务站遍布农村各地。农村电子商务的发展离不开国家政策的支持。国家制定了新农村、美丽乡村和数字乡村建设等战略，基础设施、通信设施等大规模建设给农村电子商务流通体系建设提供了保障。多项政策有计划、有步骤地出台，解决了制约农村电子商务发展的很多问题。

（一）农村电子商务对农村经济的影响

在社会主义新农村建设过程中，农村经济可以说是其中的重要基础。在此基础上，需要能够对电子商务对农村经济发展产生的影响进行充分的把握，科学结合农村实际进一步做好电子商务行业的发展，以此对农村经济发展起到重要的促进作用。

1. 改变劳作方式，优化农村产业结构

在传统经济发展背景下，农业是提供支撑国民经济建设与发展的基础产业，包括种植业、林业、畜牧业、副业、渔业等产业。在电子商务快速发展的过程中，农民的劳动方式也随之发生了一定的变化，在继续从事农业劳动生产的基础上，加入了第二产业及第三产业。在我国农村经济体系中，电子商务获得了快速的发展，也因此使农民具有了更多的就业机会。在以往农民生活当中，主要的劳动方式有非农业生产以及从业农业生产。其中，非农业生产即指农村居民外出务工的生产方式，也是人们常说的农民工。为促进农村经济发展，我国陆续颁布了一系列的政策进行支持，积极鼓励农村居民再就业，在原有的基础上进一步拓宽经济获得渠道。电子商务的快速发展，则能够进一步拓宽农民的收入渠道，进一步提升农民的收入水平。同时，也能够使更多的农民返乡就业，对孤寡老人以及留守儿童等社会性问题进行有效的解决。可以说，电子商务在具体发展的过程中使农民获得了新的就业方向，对我国农村经济发展具有十分重要的意义。基于电子商务，可以分析市场需求，调整农作物种植，优化产业结构，让农业生产符合市场需求。

2. 增加农民收入

当前我国农村电子商务的本质都是开发农村地区的自然资源、剩余劳动力以促进农村经济增长。目的是通过充分开发使用农村自然资源，将农民的农产品、手工制品等通过电子商务交易平台出售到全国各地，从而增加农村居民收入。为促进本地农村电子商务的发展，各地方政府会加大财政在农村基础设施方面的投入力度，完善农村的基础设施，为农村经济发展奠定基础设施条件，增加农民收入。

电子商务的发展，使得我国农村传统的农产品销售方式发生了改变，且对农产品的销售渠道也进行了有效的拓宽。在以往销售农产品时，农民仅仅能够选择中间批发商这一种方式，而在农村电子商务发展的过程中，农民则可以对中间商的利润进行规避，对原有批发商、地产商以及零售商这种产销分离的方式进行改变，通过电子商务平台的使用实现农产品的产地直销，对以往销售农产品时存在的中间流程进行缩短，在对农产品流通率进行有效提升的情况下，使农民获得更高的产值、更多的收益。

电子商务的发展对农村产业化转型升级起到了积极的推动作用，也使得以往落后的生产模式获得了新的改变，起到了增产增收的效果。在信息交互能力不断体现的情况下，帮助消费者更好地掌握农产品需求，使消费者直观地了解农产品的绿色营养及健康的特点。而在人们生活水平不断提升的过程当中，消费者对农产品的质量安全以及保鲜程度都有了更高的要求，电子商务平台直销方式的应用，能够缩短以往农产品的运输销售时间，有效提升农产品的保鲜程度，在满足消费者需求的同时帮助农民在此过程中获得更高的收入。

3. 带动产业发展

就目前来说，我国的各大电子商务平台对农村经济市场都具有较高的重视程度，通过与第三方物流企业的结合，建立起了完善的电子商务物流网络体系，以此对我国的农村区域进行有效的覆盖。

我国农村经济市场电子商务的快速发展，极大地改变了农村居民的消费方式。其中，快递业的发展则是其中的重要体现。在乡镇农村区域，快递业近年来获得了迅速发展，其具有不同的经营模式以及不同的规模，不仅包括获得营业许可的快递企业，也包括下属分支结构的快递代收点。可以说，我国农村经济市场中电子商务的发展对农村快递产业的发展起到了积极的带动作用。

例如，在快递物流以及网络购物快速发展的背景下，包装行业在我国得到了迅速发展。电子商务的进行，主要通过快递物流的方式对商品进行发送，在实际运输商品时也需要应用到一定的包装，在对商品起到较好保护作用的情况下避免其受到破坏，并因此对我国包装行业的发展也起到了积极的带动作用。在此过程中，电子商务对包装材料质量有了更高的需求，包括气泡膜、纸盒以及胶带等，对于地区的经济发展也具有十分重要的带动作用。

4. 提高农村居民就业水平

在当前的农村，人们的就业机会不多，除了从事农业生产以及外出务工外，没有其他太多的就业机会。农村电子商务的发展，可以创造出新的就业机会，给更多人提供就业，充分发挥农村剩余劳动力的价值。农村电子商务产业的发展，能够带动农村产业的发展，一部分人通过创业增加了收入，同时也会吸纳农村剩余劳动力加入电子商务产业之中，提高农村居民的就业水平，从而提升居民收入水平，增强居民消费能力，促进农村经济发展水平的提高。

（二）农村电子商务的发展

1. 农村电子商务发展模式

（1）地方政府农业信息与服务模式

地方政府根据自身的优势，为农村及农民提供有针对性的农业与农产品实时信息，并提供技术培训或技术服务等。

（2）优势农产品网站模式

这里指以优势农业产业、特色或品牌农产品为主导的网站模式。该网站模式的目的在于扩大区域影响力，它是为了更好地适应市场需求而创建的农产品网络平台。

（3）示范基地模式

此模式是指大型的涉农企业或农产品流通企业根据市场需求建立的专业化电子商务网站模式。可以理解为公司与家庭农户相互合作促进共赢的模式，以此大力推动农业现代化的进程。

（4）第三方交易网站模式

此模式是构造农户进入大市场的桥梁，是解决小农户与大市场问题的捷径；另外，电子商务平台能够为农户提供农产品交易服务、信息服务等，网站会员面向农村基层组织，降低了农村信息化的准入条件。

（5）服务"三农"的区域性电子商务模式

这种模式为本地区的农产品提供相关服务，同时辐射周边省市，可以理解为农村电子商务集合的创新模式。

2. 农村电子商务发展的特点

一是直播带货、社交电子商务、小程序电子商务等新模式更好地满足了消费选择多元化、消费内容个性化的需求，持续促进消费新增长。二是截至 2019 年末，全国共 1231 个县（市）被评定为"电子商务进农村综合示范县"，电子商务扶贫成效显著，社区拼团、短视频直播等新业态加速下沉，农村电子商务模式不断创新。

3. 直播带货效率与优势分析

一是直播带货在电子商务销售中的渗透率有望持续提升，直播带货的旺盛需求也催生了产业链上更多环节的繁荣发展，未来直播电子商务产业会迎来更加精细化的运营趋势。二是直播作为更高效的带货交易形式，"头部"平台更倾向于打造完善的电子商务交易体系；短视频作为更常用的品牌宣传形式，多数平台更倾向于通过与电子商务合作来获得更多的广告收入。三是直播带货具有所见即所得的效率优势，可以提升不少品类的带货效率，也可以作为新品的品牌宣传方式。

直播是一个高效的带货方式，展示形式上，直播具有所见即所得的优势；商品价格上，单场直播的规模效应使得主播可以从品牌方得到一些折扣优惠，更多买家的购买又会强化主播的议价能力，形成规模效应的正反馈。因此，直播带货在电子商务销售中的渗透率有望持续提升。

直播带货行业也在发生着很大的变化，一方面，越来越多的平台开始参与直播带货，平台之间的竞争也变得更加激烈。除了特别"头部"的淘宝直播、快手直播之外，抖音、微信、微博直播也开始了大规模的尝试，陌陌、虎牙、小红书等也开始了直播带货试水。另一方面，带货的群体由主播带货快速向商家直播转移。阿里巴巴财报显示，商家直播已经占到淘宝直播成交额的 60% 以上，这恰恰体现了直播作为一种高效的带货工具，正在成为店铺销售的标配形式。

直播带货的旺盛需求也催生了产业链上更多环节的繁荣发展。未来直播电子商务产业会迎来更加精细化的运营趋势。随着参与直播带货的平台越来越多，平台间呈现出"两超多强"的格局。2019年淘宝直播的成交额突破2000亿元，快手直播带货成交额也在千亿量级，同时，抖音、微信、京东、拼多多等也是直播带货的积极参与者，直播也为这些平台带来了电子商务销售的可观增量。

目前，更多内容平台开始打造独立供应链，与电子商务平台展开正面竞争。2019年，在快手之后，抖音也从以种草为主的短视频平台开始增加直播带货业务，并且将更多的直播供应链导向抖音小店，降低了对其他电子商务平台的供应链依赖。可以预见，直播作为更高效的带货交易形式，更倾向于打造完善的电子商务交易体系；短视频作为更高效的品牌宣传形式，更倾向于通过与电子商务平台合作来获得更多的广告收入。

早在2016年，淘宝就推出了直播，但公众对直播电子商务的普遍认知是在2019年才开始的。这是因为，一方面经过一定时间的发展，2018—2019年一些标杆带货案例开始涌现；另一方面快手、抖音等更多内容平台在2018—2019年成为大流量平台，并开始拓展带货等更多变现方式。

目前，电子商务新业态主要分为两大类，一种是社交电子商务，另一种是直播电子商务，二者实质为同一个业态，即去中心化的电子商务业态。一个快手主播的直播带货，既是社交电子商务，也是直播电子商务，社交是关系角度，直播是形式角度。"去中心化"电子商务业态开始繁荣的动因是：除了淘宝和拼多多等"去中心化"电子商务平台之外，快手、抖音、哔哩哔哩以及微信等各大"去中心化"的社交平台正在快速成长和成熟。这些"去中心化"平台聚集了大量的用户，占领了海量用户时长和使用场景，并且用户在这些平台种草或购物的习惯逐渐养成。因此，这些平台既有动力也有能力通过带货来完成更多变现。

长期来看，随着商家对高效带货方式需求的增加、平台对拓展变现方式需求的增加、消费者购物习惯的养成，社交电子商务和直播电子商务等"去中心化"电子商务业态的渗透率还将持续增加。

4. 农村直播电子商务行业竞争格局与发展趋势

近年来，网络直播在农村电子商务中发展迅猛。但同时也存在不少问题，如部分农村电子商务对网络直播不了解，认为网络直播就是拍拍视频、做做宣传，不注重内容质量，缺乏营销手段，"圈粉"能力差，平台关注度不高。针对农村电子商务网络直播存在的问题，相关研究表明，网络直播离不开"受众"和其他外部因素。据统计，2020年1—6月，各平台电子商务直播超1000万场，活跃主播数超40万人，观看人次超500亿人次，上架商品数超过2000万件，交易额也比往年高出数倍。数据显示，2020年第一季度，我国网络直播用户数超5.6亿人，其中直播电子商务用户数达到 2.7 亿，这意味着有将近一半（48.2%）的直播用户产生了电子商务交易行为。

5. 农村直播电子商务需注意的问题

第一，直播电子商务必须以消费者需求为中心，网络直播最忌讳的就是主播由于不熟悉产品而进行虚假营销，夸大产品功能。而当前的直播电子商务行业常见问题就有主播素质参差不齐、用户交易风险大、产品质量差、售后差、维权难等，这些都直接影响了消费者的复购率以及对产品的评价。以消费者需求为中心是推动农村电子商务发展的必由之路。

第二，努力提升直播主播的职业素养和专业知识，规范直播带货行业。目前，农村直播电子商务的部分主播存在文化水平不高，对直播专业知识了解不全面等诸多问题。也有部分主播责任心不强，误导消费者。农村电子商务平台应重视提高主播素质并加强对主播的行为规范教育。

第三，完善农村供应链建设，优化直播电子商务购物环节，对农村直播电子商务而言，购物环节的优化是一个重要问题。努力搭建电子商务平台、商家、品牌方与优质农产品基地、农户之间的沟通桥梁，加强农村供应链建设，是农村直播电子商务发展的重要基础。

第四，引导农村电子商务行业健康有序发展，强化监管，诚信经营。如今，平台直播电子商务生态已初见成效，其他平台包括微信等均已上线自己的直播板块。随着电子商务的快速发展，出现了不法分子通过直播销售假冒伪劣产品、泄露用户个人信息、直播数据造假等违法现象。因此，加强消费者维权意识引导，保证农村直播电子商务健康有序发展已成为当务之急。

（三）农村电子商务的理论基础

1. 交易成本理论

新古典经济学认为，买卖双方要各自实现利益最大化；要能有效地实现交易并具有能够判别和获取有效信息的能力；交易成本都为零且都获得完全的信息时，才能够实现价格机制。但是新古典经济学却无法很好地解释经济的运作流程，价格机制无法概括复杂的经济问题。虽然市场推动了企业对劳务等的需求，但是在商品流通过程中其实现了再生产等一系列的生产和分销活动。与新古典经济中的价格机制不同，商品交易受市场机制的影响更大，如商户之间可以合作以制定所需商品的价格和规格等。由此可见，简单的价格机制已经不能满足越来越复杂的国际市场环境。交易成本理论旨在对企业的本质进行阐述。在经济体系中企业能够进行专业的分工并能与市场价格相互作用从而正常运作，这种能形成的企业机制就是人们所追求的经济效率。

要将电子商务与交易成本理论联系起来就要考虑在互联网环境下的金融交易成本的产生。在互联网环境下，金融交易成本通常由外部交易成本和制度性交易成本两部分组成。外部交易成本一般会受互联网技术的影响，制度性交易成本一般是指在交易活动过程中，对买卖双方的行为进行制约所产生的成本。

2. 规模经济理论

无论是过去的传统规模经济理论还是现代规模经济理论，都分为内部规模经济和外部规模经济。在现代规模经济理论的论述中，内部规模经济不仅包含数量规模还包含单一产品的品种规模。外部规模经济被定义为整个行业以及产业通过产业聚集的方式来提高效益并降低成本。有的学者认为，规模经济应含有结构规模经济，旨在通过不同的规模经济之间的联系进行重组，来形成一定的规模结构经济。传统的规模经济理论界定了生产规模，然而20世纪以后，随着经济形势的改变，人们的消费理念以及国家的生产力水平也随之改变，传统的规模经济已不能满足市场的需求，新的规模经济理论便产生了。

传统的规模经济理论只对企业的有形资产，如设备、厂房等进行了归纳，更多的无形资产（如专利、品牌、信誉等）并没有被囊括在内。而现代规模经济理论更能解释产品之间的分工等现象，在分工形式的演变过程中，依次出现了产业间分工、产业内分工以及产业分工。值得一提的是产业分工是20世纪80年代后才出现的，它是在信息技术、知识经济以及经济全球化的背景下产生的一种分工模式。

3. 价值链理论

价值链理论也可以叫作供应链理论。1985年，来自哈佛大学商学院的知名学者迈克尔·波特就提出了这个理论，旨在运用该理论来确定各个企业的竞争优势。价值链理论是对增加一个企业的产品或服务的实用性和价值性的一系列作业活动的描述，包括三部分：竞争对手价值链、企业内部价值链以及行业价值链。迈克尔·波特曾说："每一个企业都是在设计、生产、销售、发送和辅助其产品的过程中进行种种活动的集合体。所有这些活动可以用一个价值链来表明。"因此企业的价值链管理是非常重要的一部分，当企业进行了系统化管理，便可通过降低成本等方式来获得更多的利益。经济学家哈里森曾指出供应链的含义："供应链是执行采购原材料并将其转换为中间产品和成品，然后将成品销售到用户的功能网。"这就指出了战略合作伙伴在供应链中起到的关键性作用。供应链不是由单一的一部分所决定，而是由各个部门之间的合作关系所决定的。根据区分准则，供应链可以区分成反应性供应链以及有效性供应链、处于动态的供应链以及平稳的供应链、倾斜的供应链以及平衡的供应链。按特征描述，供应链具有复杂性、动态性、交叉性等特点。

在经济活动中，价值链是非常重要的组成部分。企业与企业之间会存在行业价值链，企业间的竞争不仅是部分间的竞争，还是整个价值链之间的竞争。行业价值链应当从行业的角度进行分析，从宏观的战略角度来处理供给双方的关系，并寻求降低成本和获得更高利益的方式。对于企业来说，进行价值链分析不仅可以使企业对自己有一个定位，也可以了解处于同一价值链的其他企业可能会给本企业造成的威胁。在过去传统的成本管理方法中，大部分的企业以及供应商都致力于实现自身利益最大化，仅靠合约来维持合作关系，使得弱小的公司不得不向大型公司让步，造成市场不公平的现象发生。在我国这种现象也比较明显，企业仅把重心放在企业内部的价值链上，却忽略了更为重要的行业价值链。行业价值管理最基础的是要做好观念的转变，这就要求企业在与供应商协作的过程中不能仅追求进价的低廉，而要提高效率，如更短的生产周期、更高的存货周转率以及更强的市场应变能力等。

同时，企业与供应商之间要互相信任，不仅要为自身利益考虑也要考虑对方利益，以此实现双方效益最大化。与此同时，在互相信任的前提下进行交互式战略合作，旨在调动供应商、经销商、顾客等各个价值群体，动员整个价值群体去创造更大的价值。

4. 技术创新理论

在经济全球化的环境下，互联网技术的飞速发展推动了电子商务技术的发展。电子商务实现了将生产要素与生产条件的结合。另外，电子商务发展过程中所产生的经济效应也是一种技术创新，它使得企业节约了生产成本、提高了生产效率。与传统的贸易活动及营销活动相比，实体经济模式会受到地域、时间等因素的影响，贸易沟通也不那么便捷。但是在电子商务环境下，贸易主体之间能够有效及时地进行沟通，提高了贸易的便利化程度，都能及时得到商品的库存、发货收货等都信息，从而高效地实现交易。这种提高贸易活动效率的方式摆脱了传统线下实体交易的约束。

5. 集聚理论

集聚理论最早在1909年经济学家韦伯编著的《工业区位论》一书中提出。该理论讨论了产业集聚的原因并量化了形成的规则，论述了各种经济活动在地域上聚集所产生的经济效用，推动组织劳动力的专业化。如果企业在行业集聚的环境下能够规避中间商，便能够起到节约成本、提高收益的效果。1976年，另一位经济学家巴顿对集聚理论做了新的改善，提出了企业的集聚和创新之间的联系：各个企业在同一领域的集群必然会带来竞争，而竞争可以推动创新发展；集中的通信工具也可以提高这个地域的创新生活的产生速度。

集聚理论的提出，为电子商务的发展提供了基础。各个产业的经济联系集聚必定会产生经济效应以及技术效应等，促进了贸易、金融等各个行业的发展创新。信息及通信技术的紧密联系，加强了企业与企业、行业与行业之间的经济联系，为经济活动的进行提供了有利的外部环境。市场信息的共享及越来越多企业间的分工合作，形成了一个经济生态圈，使得处于这个生态圈中的每部分经济个体都在追求较低的成本，从而加强了企业间的竞争。电子商务的发展推动行业间、企业间等横纵关系实现资产配置的合理化，促进了贸易活动的发展。

电子商务的发展不仅带动了其他相关行业的发展，还推动了企业的内部改革以及经济结构调整。一方面，电子商务的出现使得人们购买产品时有了更多的途径和选择，同时也促使新兴的购买方式出现，改变了传统的消费模式。另一方面，电子商务的发展促进了企业内部分工的精细化，加强了企业间的竞争，产生了优胜劣汰的环境。电子商务不仅改变了传统的经济活动方式，还改变了现有的经济环境下价值创造的方式。

电子商务的发展都是基于上述经济理论的，通过对这些理论的深入研究，并结合具体的事件进行分析，可改善我国的电子商务模式并可更好地推动我国农产品电子商务的发展。

三、我国农村电子商务发展状况

（一）我国农村电子商务的受众特征

第一，我国在线购物受众年龄普遍较小，电子商务的受众大部分是年轻人。当前农村年轻人网络消费占全国网络总体消费比例的30%左右。农村年轻人在农村电子商务消费人群中的比重处于不断增长的趋势，而农村老年人在电子商务消费人群中的比重远不及城市老年人在电子商务消费人群中的比重。随着时间的推移，年轻人的购买能力趋于上升趋势。

第二，农村居民在线购物并不是源于网络销售价格低。在当下农村电子商务的发展中可以看出，我国农村居民在网络中消费不是因为东西便宜，而是因为有些物品在城镇中不容易买到。经过调查研究发现，电子商务的形式已被农村居民接受并为之所依赖。

（二）农村居民喜欢网络购物的原因

在网络消费过程中，人们经常会发现网络购物的价格远比实体店中购物的价格低。在网络购物中，很多商家都有自己的工厂，因此在价格上比实体店优惠。在网络购物中，居民可以通过网络买到当地没有的商品。例如，居民可以通过网络买到来自北京、上海等大城市的商品。同时，便捷的物流能够在短时间内将购买的物品送到家，这样的购物方式更具服务性。人们通过网络购物节约了时间，因此更愿意选择网络购物。

农村消费环境有限，一个村可能只有一间便利店。在便利店买东西十分便捷，但是商品种类较少，并不能满足居民生活所需。而城镇的市场又较远，要乘坐交通工具才能到达，致使农村居民消费需要耗费大量的时间与精力。农村居民通过网络购物，既可以实现对各种物品的购买，又可以享受到送货到家的服务，这样的购物方式提升了农村居民的生活质量。

（三）我国农村电子商务发展现状

近年来我国电子商务发展势头较猛，但也存在一定的问题，未来农村电子商务发展空间依然巨大。首先，农村电子商务发展的基础用户群体数量，即农村网民数量，截至 2020 年 3 月已达到 2.5 亿人，但是农村互联网普及率只有 46.2%，与城市地区 76.5% 的普及率相比还相差甚远。这说明未来农村电子商务的发展非常有前景。

其次，2020 年上半年农村电子商务网络零售额是 7668.5 亿元，同比增速 5%，但是实物商品占比为 91.3%。这说明农村电子商务未来的发展空间是服务类商品，以农旅结合为代表的第三产业将会成为农村电子商务发展的重点。

最后，从区域分布来看，农村电子商务发展非常不平衡，东部地区占有非常大的比重，而西部地区与其相比仍有较大差距。从东西部地区农村电子商务发展情况来看，农村电子商务具备比较大的快速增长潜力。

（四）我国发展农村电子商务的意义

首先，发展农村电子商务能够显著增加农民的收入，缩小城乡收入差距。当前，区域间发展不平衡、不充分的现象十分普遍。缩小城乡居民收入差距，有利于维护社会稳定，提高我国经济发展质量。发展农村电子商务不仅可以提高农民的消费能力和消费水平，还可以进一步开拓农村消费市场，促进城乡之间的经济交流，有助于提高和升级农产品贸易质量，促进农产品销售，进而增加农民的收入。

其次，有利于农村一二三产业融合，从而发展高质量、高水平的现代农业。当前，我国正处于产业结构调整的关键时期，传统农业亟须转型升级。农村电子商务发展为传统农业转型升级提供了良好的路径。2018 年，农业农村部出台了"大力实施乡村振兴战略，加快农业转型升级"的指导方针，明确指出农村产业转型升级是实施乡村振兴战略的必然要求。农村电子商务能够优化农村产业资源，促进价格机制更好地发挥作用，对农村产业转型升级具有积极影响。

四、新型职业农民进行电子商务创业面临的困境

（一）农村网络基础设施不够完善

纵观新型职业农民电子商务创业发展现状，发展效果并不理想，其中最主要的问题就是农村网络基础设施不够完善。网络基础设施是农村电子商务顺利发展的前提条件，也是农村经济与信息时代接轨的保障。然而从目前的农村网络建设来看，大部分农村都不具备这些条件。首先，在一些经济不发达的农村地区，互联网的普及率较低，有些地区受环境因素的制约，甚至还没有接入互联网线路，导致农村电子商务无法顺利开展。其次，在一些经济条件落后的乡镇和农村，与电子商务相关的信息设备并没有普及，如计算机和智能手机，不是家家户户具备的。网络硬件设施的匮乏，不仅降低了农村电子商务的发展效率，也加大了新型职业农民互联网创业的阻力。

（二）缺乏满足市场需求的农业信息网站，信息化程度较低

农业信息网站不仅是农业信息交互传递的平台，也是农村电子商务发展的必要载体。但是从目前的农村电子商务发展情况来看，农业信息网站的搭建效果差强人意。首先，虽然近年来我国农业信息网站的数量在持续增加，但是从全国网站数量来说占比仍是极小的。截至 2014 年，农业信息网站的市场份额只有 2% 左右，这对不断扩大的农村市场需求来说是远远不够的。其次，现有农业信息网站所发布的信息质量不高。建立农业信息网站的主要目的是促进农民和消费者的信息沟通，所以信息内容的发布要站在农民和消费者的立场考虑，但是很多农业信息的发布者都没有做到这一点，导致农业信息网站无法为农民和消费者提供有利

的参考信息，降低了农业信息网站的信息利用率。

我国农村电子商务物流信息化建设的资金投入较前两年有大幅度提高，截至2018年达到21.5亿元，但仍然不能满足电子商务物流信息化的建设。农村经济水平相较于城市普遍落后，缺乏充足的资金引入和信息技术利用。另外，一部分新型职业农民缺乏信息化的知识，知识运用跟不上信息化发展的速度，导致农村电子商务的信息化程度仍然较低，这势必阻碍了电子商务创业的发展。

（三）新型职业农民的文化素养和信息素养不足

新型职业农民既是农村电子商务发展的主体角色，也是促进农业经济转型的领军人物。但是从目前的农村电子商务发展现状来讲，大部分职业农民的文化素养和信息素养都比较薄弱。首先，很多新型职业农民受传统营销模式的束缚，对电子商务的了解尚浅，在一些信息闭塞、经济落后的地区，甚至有很多农业从业人员都没听说过电子商务，更谈不上开创全新的农业营销模式了。其次，由于很多新型职业农民的知识储备无法满足农村电子商务发展的需求。例如，缺乏与电子商务有关的知识，一些简单的运营问题都难以解决，或者不了解信息设备的操控方法，常常导致电子设备出现故障、不能正常运转等，这些问题不仅降低了新型职业农民互联网创业的热情，也让农村电子商务的发展受阻。

（四）农村电子商务法律法规不完善

我国目前针对农村电子商务的法律法规还不够完善。农村电子商务主要交易品为农产品，农产品的质量和安全关系到消费者的身体健康，这就需要建立严格的质量、安全标准。另外，我国现有的物流管理法律操作性不强，各地区、各行业的管理制度和管理办法仍存在相互冲突的现象。有专家预测，针对农村电子商务的法律法规制定后，会降低80%左右农村电子商务的信息系统的开发成本，并且能有效控制农村电子商务发展过程中的风险，有助于推动农村电子商务的蓬勃发展。

（五）农村营销模式过于落后

电子商务是一个新兴产业，对营销模式的科学性和创新性具有较高的要求。但是从目前农村电子商务发展情况来看，很多农村电子商务的营销模式都比较落后，或是存在一些不合理之处。首先，一些农业从业人员长期以来受传统营销模式的影响，仍然偏好于沿用传统的销售手段，致使电子商务平台的实际利用率偏低。如此一来，一方面导致农村电子商务的发展效率止步不前；另一方面也让农产品的营销模式一直无法实现创新和改革。

其次，还有很多农村的电子商务营销模式只注重生产和销售，而忽略了宣传、推广和售后服务。一方面导致了优质的农产品不为人知，销售业绩不佳；另一方面缺乏售后服务和客户信息反馈，农业从业人员无法明确产品的不足之处，进而造成农产品和农村电子商务营销模式得不到科学的优化。

（六）农村的物流水平较低

农村电子商务和物流之间存在相互依存的关系，如果将电子商务比作一个生命体，那么物流通道就是这个生命体的血管，为生命体的健康运行输送养料。然而从目前的农村电子商务物流情况来看，大部分农村的物流水平都比较低，难以满足农村电子商务的发展需求。

首先，由于我国农村人口分布的地域比较散乱，很多偏远的农村地区交通线路都不完善，不仅导致农村物流通道阻塞，也拖慢了农村电子商务的发展速度。其次，像粮食和生鲜类的农产品，对储存环境的温度和湿度等条件都具有较高的要求，大多数农村物流体系都没有配备满足要求的储存场地。长此以往，一方面，会造成新鲜的农产品发生腐坏，影响正常销售、降低经济收益；另一方面，也会削弱农村电子商务的市场竞争力，不利于新型职业农民电子商务创业的远景发展。

（七）新型职业农民缺乏电子商务的意识

从当前农村地区的实际情况来看，虽然很多人已经开始网络购物，认识到了网络购物的好处，但是却没有形成发展电子商务的意识。尤其是对生产农产品的农户来讲，在农产品销售方面，他们还处于传统的思想观念之中，一些地区的农产品被企业集中收购，被企业拿去通过电子商务渠道销售，导致产生的利润落入企业手中，农户并没有实现利益增长。背后的根本原因是，很多职业农民缺乏发展电子商务的意识，也没有通过电子商务渠道销售农产品的想法，这就导致农村经济发展难以实现转型升级。

（八）缺乏资金支持

电子商务的发展要想取得切实效果是需要有一定的经费投入的，无论是置办基本的硬件设备，还是进行网络推广和网络营销，都需要花费一定的资金。然而从农村农户的实际情况来讲，大多数人对电子商务的运作并不清楚，也无法判断电子商务究竟能够带来多少收益，因此不愿意冒险拿出资金投资电子商务。还有一些偏远地区，本身经济水平偏低，因此也拿不出足够的资金支持电子商务的发展。缺乏资金的支持，会让电子商务发展陷入困境，难以取得理想的效果。

五、农村电子商务发展的创新路径

（一）加强农村网络基础设施建设

目前我国农村电子商务发展面临的主要困境是农村网络基础设施不够健全，农村地区宽带建设、通信基础设施建设存在很大的短板，阻碍着农村电子商务的发展成效。因此，要想农村电子商务发展突破困局，所要开辟的第一个路径就是重视农村网络基础设施建设，一方面可以完善农村电子商务发展的硬件条件，另一方面也能实现信息化的农产品营销。

首先，农村各相关部门应该加强农村互联网建设，确保偏远山区能够普及互联网，为农村电子商务发展创造优良的网络环境。其次，各地区农村政府应该和智能设备企业建立合作关系，积极开展"智能设备下乡活动"，使智能设备在农业人员的手中得到普及，尤其是智能手机、平板电脑等无线智能设备，在智慧农业、水利、电网和交通等方面推动数字化进程，使数字化技术在农村各领域得到应用，为农村电子商务发展提供有力支撑。还应努力建设农村电子商务发展新模式，进而为农村电子商务的和谐发展扫清障碍。

（二）引导新型职业农民树立信息技术理念

农村电子商务作为一种新兴的商业模式，其具有极大的潜力，能够很好地推动农业打破地域的束缚，彻底改变农业生产、运输和销售的运作流程，加强顾客与农业供应商的联系，开拓新的市场。因此，政府应积极开展农民讲座和培训，帮助农民提高劳动技能和信息技术基本素养，树立电子商务发展的理念，引导农民正确利用互联网，避免负面和虚假信息对其造成不良影响。在"互联网＋"背景下，将线上线下融为一体，让农户分享到现代信息技术的增值利润，推动农业全产业链改造升级。

（三）加强宣传，转变农民意识

针对目前很多农户不具备电子商务意识的问题，需要当地政府部门对电子商务加强宣传，让广大农户认识到电子商务所具备的积极作用，并愿意投入电子商务的发展中来。首先，可以将电子商务的一些基础常识印制成宣传手册，发放给农户，引导农户利用空闲时间进行阅读，了解电子商务的一些基本常识。其次，可以立足地方电视台，开设电子商务致富的专题节目，在节目中针对发展电子商务的基本流程、技术要点等做出讲解，让人们可以通过电视节目，了解到电子商务的具体发展流程。最后，可以建立电子商务示范基地，选择具有代表性的村镇，结合村镇中的特色农产品，开设专门的电子商务渠道，实现农产品的销售。通过示范基地，组织其他乡镇的人们来参考学习，促使其对电子商务有进一步的了解。通过全方位宣传，让农民的意识发生转变，使他们对电子商务引起关注，形成发展电子商务的念头。

（四）加强物流通道建设，提高农村电子商务的发展效率

物流对农村电子商务发展具有十分重要的作用，在当前环境中，农产品物流体系建设具有很多优势，如可以在物流中根据农业地域及农产品的季节与周期调整物流运输方式等。新鲜的农产品在正常温度下难以存放，这导致以往的物流运输形式难以符合农产品电子商务的要求。在我国，传统的农产品大部分以批发形式销售，少部分采用线上销售，物流成本较高，且运输效率较低。传统的销售模式及物流运输方式已不再符合当前我国农业的发展需求。

各地都在逐步加强物流通道建设，提高农村电子商务的发展效率。首先，各地政府应该扶持打通物流通道，特别是交通条件较差的偏远山区，一定要加强道路的休整和建设，确保农村电子商务的物流通道畅通无阻。其次，政府应为农村电子商务物流体系提供储存场地支持，在当前发展中，应在农产品物流中增添冷链运输等环节，对电子商务进行科学管理，以促进物流体系的集约化及规范化发展。储存环境需满足农产品的存放需求，保障农产品在物流中转环节不发生变质情况，让新鲜优质的农产品输送到全国各地，从而实现农村电子商务长期稳健的发展。

（五）组织电子商务培训，提高农业人员专业素养

鉴于目前我国农业人员知识素养和信息素养偏低的困境，各地政府有必要提供相关的人才和制度支持，一方面可以体现政府以人为本的发展精神，另一方面也能扩充农业人员的电子商务知识储备，从而提高农业人员的专业素养。例如，各地农村政府可以落实人才引进政策，以吸引更多高素质人才投身于农村电子商务事业。又如，政府可以积极组织农业人员参与电子商务知识培训，使农业人员了解电子商务的运营模式及其为农村经济创收带来的好处，强化农业人员的智能设备运用能力，从而发挥人的主体作用，提高农业人员的专业素养。

（六）推动农村普惠金融发展

政府应该给予农村金融改革更多的政策扶持，对农村金融执行税收减免、财改补贴或政府担保等优惠政策，支持农村金融机构发展。推动农村普惠金融的发展，需要在农村地区布局更多的金融服务网点，增强农民的金融资源活动能力，为农村电子商务发展提供支持。在农业金融扶持政策方面适当倾斜，为农民提供一定的融资保障机制。建立和完善农村地区信用贷款体系，降低贷款门槛，为农村营造积极、良性的金融环境。在农业风险保障方面，设立一定的保险机制，减弱自然灾害带给农业的损失，助力农村经济又好又快地发展。

（七）加大农村电子商务资金投入

地方政府需要对农村电子商务发展加大资金投入力度，在财政当中，增加农村电子商务发展的财政预算，将这些预算用于购买硬件设备、建设农村网络等，为农村电子商务发展打好基础。同时引导外部资金支持。为了推动农村电子商务的发展，还需要注意引导当地的一些农业企业参与进来，鼓励这些企业投资、捐助等，帮助农民解决问题。要号召农民自发筹资，不能完全依赖政府和社会力量，要自主想办法筹措资金，解决资金不足的问题。

对于大部分的农民来讲，在农村开展电子商务经营，没有足够的营销经验，也没有足够的运营资金。政府应出台政策支持小型电子商务模式运作，可以与当地银行建立合作关系，银行以较低的利息贷款给开展农村小型电子商务的农民，解决农村电子商务缺乏资金的问题，从而促进农村电子商务的发展。

（八）建立农村电子商务发展的人才数据库

农村电子商务的发展要注重对人才的引进，特别是要营造良好的发展环境来吸引外出打工的年轻人回到家乡创业。要建立人才数据库，为农村电子商务的发展建设一支稳定的"后备军"。具体来说，要开展对农村电子商务发展的普查，掌握从事农村电子商务职业的农民的情况，包括其经营范围、经营数额、经营存在的问题等。充分运用互联网、大数据技术，建立农村电子商务的人才数据库，根据农村电子商务的不同门类，设计每个门类的具体版块，将相关的人才数据放置在其中。要对人才数据库进行定期维护，及时地补充并更新数据库中的人才信息，包括有意愿从事农村电子商务职业的农民的信息。要充分发挥人才数据库的引导作用，农村电子商务的发展实际是要与人才数据库实现无缝对接，当农村电子商务中的某个门类缺乏人才时，可以从数据库中挖掘从业农民。

（九）建立农业信息网站，为农村电子商务发展搭建信息交流平台

要想实现农村电子商务发展途径的创新，各地区农村政府应加强农业信息网站的建设力度，为农村电子商务搭建信息交流平台。

首先，各地政府应该增加农村信息网站建设的数量，提高农业信息网站在全国网站总数的市场份额，进而满足日益扩大的市场需求。其次，各地政府在建设农业信息网站时，应该拓展网站的应用形式，如将娱乐类、生活类应用与信息网站有机结合，不仅可以丰富农业信息网站的应用形式，也能实现多元化的农村电子商务发展。

（十）建立推动农村电子商务发展的经营管理体系

要根据农村电子商务的发展实际，建立新型经营管理体系。要建立健全农村电子商务经营管理的制度机制，将现代企业发展的理念融入其中，同时将便捷的服务融入农村电子商务经营管理中，将农村电子商务打造成融销售、服务、物流于一体的综合管理运营平台。通过科学的经营管理，将电子商务产业进行集聚，形成产业链条。要建立品牌化的经营管理体系，注重对绿色农产品、无公害农产品的科学认证与经营管理，树立农产品的品牌，确保农产品的品质，让消费者购买到放心的产品，同时要在经营管理上注重提高农产品的附加值，在农产品包装、宣传以及物流运输上持续发力。要注重源头化的经营管理。农村电子商务中的农产品进入流通环节，不仅要对农产品的流通进行经营管理，而且要从源头上对农产品的经营管理进行"追溯"。要及时转变农产品的生产经营与管理方式，深入推进发展现代农业的基础上打造智慧农业的经营管理方式。

（十一）制定农村电子商务相关配套法规

首先，政府应实事求是，通过到农村实地调研，分析目前相关法律法规的不足，在此基础上，制定与农村电子商务配套的法律法规，并逐渐完善农村电子商务诚信方面的法律保障体系，保障农村电子商务具有良好的竞争环境，使交易公平公正。其次，建立农产品标准体系。加快制定农产品分级制度和质量检测标准，以此促进农产品品牌的打造。最后，政府还要完善农产品控制体系，监控供应链的每个环节，实现从农产品生产到送达再到餐桌的全过程监控，保证农产品质量安全。

（十二）培养新型职业农民良好的职业道德

引导广大农村电子商务的从业农民遵守职业道德，不欺骗消费者，从而保证消费者能购买到满意的农产品。一方面，要建立健全农村电子商务的职业标准。针对本地区农村电子商务的发展情况，制定完善的职业标准，引导广大农民按照统一的标准来运营电子商务；要加大对标准执行的监督力度，对各个村级电子商务从业农民执行标准的情况进行指导，如没有执行到位，要对从业农民进行教育。另一方面，要开展以践行职业道德为主题的活动。新型职业农民要在线上或线下，通过不同的形式参加提升职业道德素养的活动，如要开展绿色农产品的体验活动，让消费者在购买产品的过程中体会绿色农产品的益处；要开展食品安全无假货活动，对消费者购买的产品进行安全承诺，给消费者营造安全的电子商务购物环境。

（十三）通过"高等院校＋实体企业"培养电子商务人才

农村电子商务创业的发展，政府部门要培养新型职业农民主导作用的发挥，除此之外，要发挥高等院校和实体企业在培训人才方面的作用。首先，高等院校要优化培训课程。即要开设农村电子商务专业，完善课程门类以及教材建设，培养更多的学生加入农村电子商务发展的行列中；要针对新型职业农民的培养，开设农村电子商务专题培训班，可以探索试行以轮训的形式对各个县的村级电子商务从业农民进行培训，让他们了解新形势下农村电子商务的发展对策、营销策略以及管理经验，从而提升职业技能。其次，实体企业要给农民提供多样化的培训机会。农村电子商务与实体企业之间联系非常密切。农民素质的提升，需要实体企业的合理介入。实体企业可以从提升农民销售技能和管理经验的角度出发，对新型职业农民进行有针对性的培训。例如，相关部门可以搭建农村电子商务与实体企业之间联系的平台，通过主动报名、部门选派等方式，让农民到实体企业中参观学习，了解最新的管理经验，掌握现代企业的运营模式，将学习借鉴的成果融入电子商务行业中。

六、农村电子商务发展带来的启示

（一）电子商务与农业优势特色产业密不可分

农业优势特色产业是网络营销发展的基础支撑，网络营销是农业优势特色产业走出去的助力引擎。全国各地依据区域优势产业，形成区域特色农产品，进一步促进了农业优势特色产业与电子商务的有机结合。在市场需求导向下，各地区充分发挥区域优势，做大做强"一村一品"和"一镇一业"等特色产业，促进其与电子商务成功嫁接、融合发展。

（二）农村电子商务平台和信息服务设施建设是基础

电子商务平台是实施"互联网＋"农业农村战略，带动农民创业增收的重要载体。农产品网络营销需要多种类型的农村电子商务平台建设，包括整合农产品资源、拓展产供销链条，从而为农村电子商务创业搭建好平台，提供优质服务。引导各类农业市场主体在京东、淘宝、苏宁易购等知名电子商务平台开设农产品营销网店，组织本地特色农产品在线营销。鼓励有条件的农产品加工、流通企业建设农产品交易网络平台，加快农产品的信息服务设施建设，不断拓展农产品电子商务化营销途径。

（三）农村电子商务人才培训是保障

发展农村电子商务，人才是基础。通过实施农产品电子商务培训计划，组织农业生产大户、加工企业、农民合作社、家庭农场负责人等进行电子商务技能培训，培育一大批农村电子商务创业带头人。通过引导各级电子商务协会、高校科研院所等机构开展电子商务人才培训，支持涉农院校开设农产品电子商务课程，鼓励在校学生参加农产品电子商务实践。在全国各地认定一批农村电子商务实训基地，扶持建立电子商务创业园。

（四）政府支持服务力度至关重要

农村电子商务作为新生事物，离不开政府的指导、扶持、服务以及其提供的良好的政策环境。通过全面落实国家关于支持"大众创业、万众创新"和扶持返乡农民工创业的各项政策，有针对性地研究制定支持农村电子商务创业的政策措施，加大财政投入力度，并探索建立适应农村电子商务发展和农民创业需要的多元化投融资机制。

此外，逐步构建起与农村电子商务发展相适应的现代物流体系，特别是农产品冷链物流。同时，以县级为单位建立农产品电子商务服务中心，引导传统农村商贸网点发展线上线下相融合的电子商务，增加村级电子商务服务站点，打通农村电子商务"最后一公里"。

（五）电子商务综合示范带动效应外延不断放大

典型案例所产生的强烈示范带动效应，为电子商务在农村地区的普及和应用打下了良好基础。网络营销业务的扩大带动了现代种养植业和传统农产品加工业的发展，线上销售、线下生产的蓬勃发展，带动了物流、配送、加工包装、网店摄影、页面制作等服务业的兴起。

第五章 新型职业农民互联网创业典型案例

当代社会互联网的重要性和功能已被越来越多的人熟知，新型职业农民互联网创业成为发展的新趋势。本章主要介绍了新型职业农民互联网创业典型案例，分别对"云养猪"案例、"互联网＋基地＋用户"打造放心生鲜供应链和杞农云商"互联网＋"特色农产品进行了介绍。

第一节 "云养猪"案例

一、农产品产销模式发展现状及经营流通问题

（一）农产品产销模式发展现状

根据国家统计局数据，截至 2018 年年底，交易额在亿元以上的农产品综合市场有 648 个，较 2014 年下降 5.4%。同时，农产品综合批发市场成交额超过 1.04 万亿元，较 2014 年上涨 29%，远远高于亿元以上商品交易批发市场成交额的增长速度。另外，农产品综合零售市场成交额为 0.18 万亿元，略有下降。这表明，随着经济社会的发展和"三农"工作的深入推进，我国农产品市场的建设已初具规模，并逐步进入调整阶段。而农产品综合批发市场和农产品综合零售市场成交额的显著差异，折射出在农产品产销模式中存在的流通环节信息化程度低、销售末端市场潜力发挥不充分等现实问题，产销脱节仍然是阻碍农村经济发展的重要因素。"农超对接"模式是目前发展较为成功的农产品产销对接模式，但依然存在合作社发展滞后、超市参与度不足、物流链不完善等诸多限制因素。

产销对接主要需要解决两个方面的问题：一是产地优质农产品与不规范的销售渠道和非理性消费之间的矛盾；二是现代零售业与产地生产技术和经营意识之间的矛盾。而在新零售背景下，如何创新合作社发展内涵和机制，使其更

好地联合农产品生产端和销售端，真正实现促农增收，是人们下一步需要思考的问题。

（二）农产品经营流通问题

第一，农产品物流占全社会物流比例逐年下降，农产品物流发展速度慢于全社会物流发展速度，农产品流通产业发展潜力没有得到充分的发挥。国家发展和改革委员会数据显示，农产品物流占全社会物流比例由 2014 年的 1.55% 下降到 2018 年的 1.38%。农产品的自然属性对物流提出了更高的要求，受限于技术、成本等问题，提高农产品物流效率、促进农产品企业发展任重而道远。

第二，农产品同质化问题严重，地区农产品品牌化程度低，农业产业链一体化发展进程缓慢。以贵州省为例，在国家认定的 181 个中国特色农产品优势区中，贵州仅有 8 个，占比 0.04%。许多特色农产品即使建立了品牌，但仅在有限区域认可，真正能够"走出去"凤毛麟角，且互联网传播业态发展在一定程度上加大了农产品市场中的马太效应。同时，信息不对称及其引致的逆向选择，进一步弱化了普通农产品在市场上的竞争力。此外，农业产业链一体化发展问题折射出农产品的产能、附加值未能充分实现的现状。

第三，农产品生产的溯源体系作用发挥不充分。2000 年，我国就开始了农产品安全质量追溯体系建设。随着一系列相关法律、法规、条例、规范的制定，我国农产品质量安全追溯体系制度已基本建立。但近年来，农产品食品安全事故仍频频发生，这体现出我国现有农产品追溯体系建设的不完善。与其他产品相比，农产品安全质量追溯具有时间跨度大、实施过程庞杂、参与成员复杂等特点，若不针对其制定特殊有效的信息采集系统，必然导致数据采集结果的不全面、不真实。

第四，生产与销售的矛盾。其一，农业生产要素在其内部具有转换性，且具有需求弹性较小、供给弹性相对较大的特点，反映在农产品的生产环节和销售环节，则会出现供需不对称的现象。其二，农产品电子商务生态系统未实现与农产品"小生产与大市场"的有效对接。

二、"云养猪"案例介绍

在经济步入新常态以及居民收入达到较高水平的情况下，猪肉消费量增速会放缓，同时消费者对安全和高品质产品的需求量会增大。但市面上猪肉类产品大多良莠不齐，存在品质不佳、区域内品种受限、猪肉难以追根溯源等问题，规模化、品牌化的肉类产品专卖店形式更是稀缺。这使得高品质猪肉难以保障，甚至购买困难，人们对高品质猪肉的需求不能得到充分满足。"云养猪"是一种生猪代养模式，该模式作为一种新型互联网产业发展模式于 2019 年首次在青岛莱西市推出，消费者提前在互联网上预购猪仔，新型职业农民进行统一科学管理和代养。同时，新型职业农民在养殖过程中为猪仔统一代购保险，顾客也可以通过互联网平台随时了解所领购猪仔的生长情况。这是一种"利益共享，风险共担"的互联网创业模式。

就其生产环节和销售环节来看，产品差异化、服务个性化、客户中心化的特征得以突出表现。一方面，它以市场需求为导向，新型职业农民可以实现从传统的"产什么卖什么"到"市场需要什么就生产什么"的模式转变，有助于完善风险分担机制，提高发展的可持续性性能；另一方面，能够满足人们日益增长的美好生活需求，实现市场上对绿色、有机农产品的消费需求不断提升的趋势。另外，"云养猪"模式对"互联网 + 农业""互联网 + 乡村旅游"的发展同样具有一定的积极作用。

三、"云养猪"模式分析

（一）"云养猪"模式的价值主张

在"云养猪"模式中，消费者、合作社、新型职业农民三方形成利益共同体，合作社充当商家和供应商的角色，政府则在其中起助推剂的作用。其一，以绿色品质和个性化为中心，突出差异化竞争优势。回归服务本质，实现以消费者为中心的生产销售策略，向顾客传递多元化的产品价值。其二，培养新型职业农民，助力农业农村实用型人才的培训工作。通过合作社与政府的双向培训机制，提高农民素质，优化农业从业者结构。其三，发展集体经济，促进合作社持续健康发展。"养猪"平台与地区景点、食宿商家、农户等联合推出优惠套餐，以该平台为对外宣传窗口，宣传地区特色文化内涵及自然风光，带动地区投资和旅游业的发展。

（二）营造体验式消费场景，提升体验式消费服务

产品选购包括个性化定制和在线团购两种，可同时开启"拼猪群"，即多个消费者共同认领一头猪仔。辅以"产品选购社区"和"交流区"，打造用户进行养殖分享及交流渠道，形成"用户—用户""用户—企业"的沟通机制，满足消

费者购物、娱乐、社交多维需求。个性化定制除了为特殊消费者设计精品"云养殖"套餐外，还为客户提供了菜单式自助服务，如消费者可自行调配猪饲料以及调控猪仔活动时间、范围等。"云养猪"平台则充当产品选购服务中介，定期发布农产品可选购信息，如生猪品种、猪饲料、其他农作物等，并及时调整产品价格和服务系统。

（三）打造全渠道产业生态链

通过对互联网技术的应用，将购买过程中消费者与合作社的"接触点"转移至线上。同时，优化商品交易流程，包括前端产品选购、终端下单购买以及末端体验与分享，在各个环节保持与消费者的全程、零距离接触。另外，重构农产品供应链，以合作社为中介，通过"云养猪"平台，实现包括上游农户，中游加工生产商、物流配送企业，以及下游零售商、电商平台等合作伙伴在内的一体化发展，构建产业链发展共同体。凭借信息整合优势，向客户群体提供全时段、全体验式服务。

同时，合作社可以通过"云养猪"平台，整合线上线下资源，扩大销售渠道，积极促进各主体有效对接，搭建全渠道产业生态链，也可以减少中间流通环节，提高效率，在为顾客提高消费体验的同时，降低农产品流通成本及合作社管理运营成本，提高合作社的竞争力。

（四）搭建即时物流运作模式

即时物流是不经过仓储和中转，直接从门到门的物品送达服务，具有"极速"和"准时"的特征。即时物流的具体做法是，在政府的支持下，搭建村级物流服务站，构建"公司＋园区＋农民专业合作社＋农户"的现代农业流通经济模式，根据当前物流业发展趋势并结合当地物流业需求，以线上交易与线下物流配送为核心，以厂商、物流企业、电商为目标客户群，将加工、仓储、运输、配送、信息处理等有机结合，实现农村物流领域相关信息从起点到终点的有效联动。在"云养猪"模式中，商品均采用"预约式"的销售方式，这能极大地降低商品的仓储成本，提高物流效率。

四、"云养猪"发展策略

"云养猪"模式目前仍处在发展阶段，在其模式设计中，除了采用现代化的养殖技术，更重要的是体现出了新零售的发展理念和乡村振兴导向。以合作社为桥梁构建的销售体系，充分发挥了合作社对平台、供应商和农户等进行整合的优势，线上创新销售模式，线下增强体验性，对保证农产品质量、统一线上线下产品和服务、增强顾客黏性以及提高物流效率等方面均有积极意义。

此外，"云养猪"模式的贡献除了创新性地将"预售"这一商业模式革新后引入农产品市场，更重要的是其为乡村经济的发展指明了方向。但是，该模式对资金、人力资本、技术等具有较强的依赖性，这也成为目前阻碍其进一步发展的重要因素。为解决这一问题，应从以下三方面着手。

第一，政府要加大财政投入，并进行制度性的引导，以支持新业态的发展。其一，通过津贴、税收优惠减轻合作社的相关固定资产投资负担；其二，设计相关产业政策进行帮扶，借助新闻媒体以及互联网新媒体力量进行广泛宣传，为其拓宽投资和销售渠道；其三，调整合作社市场准入制度，改革以数量取胜的绩效考核指标，加强对合作社的监督和管理。

第二，创新培育新型职业农民的内容、方式、体系，提高其职业技能和适应市场环境的能力。一方面，政府健全新型职业农民考核指标体系、培育制度，发展新型职业农民教育，积极改造农民思想和提升农民技能；另一方面，合作社根据业务内容，定期开展实践指导，做到精准培育。

第三，合作社需要与时俱进，通过创新销售模式、丰富消费体验等途径保持竞争力。利用消费者画像对需求市场进行细分，明确消费群体，提高个性化服务的供给能力，优化顾客感知体验，构建面向需求的高效敏捷的供应链。

第二节　"互联网＋基地＋用户"打造放心生鲜供应链

一、基本情况

山东沂蒙优质农产品交易中心以临沂市蔬菜、果品、粮油和养殖四个专业合作社联合社为基础，联合全市农产品企业、专业合作社、农产品经纪人和规模化种植户共同参与经营，打造了从基地到销售终端的生产、加工、检测、配送和监督保障体系，建立了"菜润家"同城配送平台。

二、主营业务

"菜润家"同城配送平台，集中了临沂全市优质与特色农产品在线展示、销售以及网上下单结算等功能，主要为企事业食堂、中小学校食堂、社区幼儿园食堂以及饭店、宾馆配送蔬菜水果，也为社区居民家庭配送蔬菜、水果定制套餐。用户通过"菜润家"网站、微信、电话和手机客户端下单即可快速获得新鲜果蔬。该平台采用批次定性检测，统一加工包装，引进先进的"大量样品农残速测仪"等检测设备，构建完善的管理体系，保证了产品的种植、采购、加工和出库配送质量，客户满意度和市场占有率始终保持在同行业领先水平。在经营中秉承"生态沂蒙山、绿色农产品"的核心价值观，坚持技术创新和管理创新，全面推行卓越绩效管理和精益生产方式，大力实施精确营销和品牌战略，生产经营效率持续提高，成为山东省、临沂市供销社系统助推优质农产品发展的示范企业。同时，"菜润家"同城配送坚持不懈地推进标准化生产经营，不断加强国内外技术、管理、品牌运作方面的合作与学习交流，在产品种植、规范化管理、收购加工配套和市场营销等领域逐步迈向标准化。建设的生态园自种自采休闲娱乐项目，让城市居民看到、体验到质优价廉的蔬菜、水果种植，放心食用并享受到种植采摘的乐趣。

三、建设内容

随着经济发展和人们生活水平的日益提高，农产品流通速度、生产规范、产品质量、方便快捷的产销供等问题成了供需矛盾的焦点。生产质量、产品质量和流通问题日渐突出。而农产品对保证经济社会发展、提升人们生活质量、保障人们身体健康、保持社会稳定，都具有十分重要的基础性作用。尤其是我国是农业大国，农业在国民经济中处于基础地位。解决农产品问题不仅对我国的经济发展和社会稳定至关重要，而且对本地域乃至世界经济发展都有重大意义。

"互联网＋基地＋用户"的生鲜供应链体系，立足创业创新，在全市供销社推进农产品电子商务发展，实施"双网络双平台工程"（实体网＋互联网、线上＋线下）发展战略，围绕"基地种植、网上营销、实体体验、优品我买"经营目标，聚焦用户需求，打破盈利瓶颈，创新服务思维，提升品牌美誉度和客户忠诚度，进一步让用户放心、让用户喜爱，甚至使用户产生对品牌的依赖性。

"菜润家"同城配送平台与质量追溯系统达成无缝集成。在销售过程中，与用户形成信息化交互平台，实现用户在线参与、对服务过程进行监督和实时服务评价，推动营销体系逐步形成。

"菜润家"自营的种植示范基地种植了时令蔬菜、瓜果，并建有休闲种植采摘园。示范园建有 68 个标准化蔬菜种植大棚，28 个水果温室大棚，14.7 公顷蔬菜示范种植基地。其 PC 端、手机商城及微信客户端同步运行，并与售后服务质量追溯系统无缝集成，对种植、管理、采摘、收购、加工实施全程监控并嵌入服务全过程评价。"菜润家"生产的无公害、有机蔬菜和水果，培养了消费者的信任感。同时，其树立起"优质示范园"的品牌形象，而优质示范园又成为"菜润家"开展线下体验活动的基地，这确立了"菜润家"在临沂市无公害、有机农产品领域内的领跑者地位。

新型职业农民与专业合作社合作建设的生产基地，实行"定技术人员、定种植标准、定种植数量、定种植品种、定质量责任"的"六定"规范种植管理措施，采用的是"以销定产"模式。通过大数据分析，让一切可接触到的生鲜农产品数据都参与到制订生产计划中来。新型职业农民通过数据分析指导生产、采购、加工、配送过程中的生鲜供应链控制，同时，对生产、存储、加工、出库和配送等环节进行关键绩效指标考核，基于此"菜润家"的生鲜产品损耗率仅为 6.8%，低于业内 20% 的平均水平。

新型职业农民通过实时监控技术，把植物的生长数据，包括土壤、水分、用肥、用药等情况，实时传入企业管理系统。"菜润家"做到了"从田间播种到蔬果上桌"的每一个环节都有追溯记录，做到了"日新日配"，确保消费者食用的每颗蔬果都是无公害的、天然的和安全的。

四、主要做法

（一）技术创新

"菜润家"商城系统采用的是全新的 PHP 框架模式，同时将 PC 端商城系统扩展到移动互联网。此商城系统移动互联网端的实现，主要通过手机商城和微信商城来实现。"菜润家"商城系统，除了具有传统的注册 / 登录方式外，还为用户提供了第三方信任登录方式，方便用户使用。在配送地址管理中，"菜润家"商城系统新设了社区管理模块，用户可根据具体需求进行选择。

（二）服务创新

"菜润家"高度重视服务过程管理创新和结果反馈。为实现"日新日配"的目标，为消费者提供最满意的服务，通过培养新型职业农民，成立了专业的配送团队，专业地处理生鲜产品问题，并授予一线配送人员在一定范围内解决问题的权力，做到了接到问题投诉后半小时内回复处理。

"菜润家"在运营中寻求利益最大化和服务最优化，制订最佳方案解决服务与利益问题的矛盾。"菜润家"逐步提升了合作生产基地的产品采购量，减少了自营基地的多品种种植量，同时，采用对合作基地的合作监管辅导式订单生产，接受公司总部质检和质量把关，确保合作基地按标准生产产品。

（三）模式创新

"菜润家"通过"互联网+"示范种植基地，打造出"放心生鲜供应链"，实现了"日新日配"，让消费者放心食用，促进了"互联网+"物联网优质农产品供应链体系的建设。

（四）组织创新

对基地、品种实施综合评价选择。
①选择无污染的种植环境。
②根据产品的特性及土壤最适合的区域种植。
③有规模、有能力、有标准。
④选择高标准种植、高品质产品。
⑤公开信息，接受监督。
⑥不求规模大，但求质量好。

五、经验效果

以无公害标准化农产品为主打产品，以食堂、饭店、家庭为群体。通过自建、合建生产基地以及自建 B2C 平台配送体系，创建一条从生产到销售的生鲜产业链。基地直供解决了农产品透明生产和安全控制问题，生鲜冷链配送解决了用户"最后一公里"的服务需求。

（一）加快了产业质量升级

成立物联网攻关团队，运用先进技术、先进设备、先进服务开拓高端消费群体。通过互联网大幅度提升产品销售的品牌形象、服务形象，促进产业升级。

（二）加大了市场开拓和攻关能力

运用过程体验法让用户体验产品、接触产品、享受产品，进而点赞产品。体验从开始就是有目的的消费过程，在体验经济下，商品即道具，"菜润家"发挥体验的长处和特点，即将安全、优质等元素有效融入产品道具中，使示范园成为居民体验田园生活的好去处，让用户品尝到新鲜、绿色、原产地的味道。

（三）提升了经济社会效益

随着生活水平的不断提升，人们对生活质量的需求也越来越追求精、细、完美，产品质量标准化是人们的基本要求。由此，也推动了产品系列化、更加科学化的发展。"菜润家"自成立之日起，便以追求标准化为基点，着力打造日臻完善的生产经营链条，在基地建设和创新电商服务平台中，采取利益共享、合作共赢的经营方式，带动了全市6万多公顷优质特色蔬菜、2万多公顷水果标准化生产，有效整合了"生态沂蒙山、绿色农产品"特色资源，使企业在农产品领域不断创新、不断发展。

第三节　杞农云商"互联网＋"特色农产品

一、基本情况

山东杞农电子商务有限公司（以下简称"杞农云商"）创新了"互联网＋"特色农产品"买卖提"全链条精准营销服务模式，连接山东农业大学大数据中心、"买卖提"农村电商服务站、城乡货运公交、仓储加工、物流配送、微店、产业链金融、生产、质量监管九大板块，此模式是信息交互、实体配套的闭环式产业链经营模式，是首创的全新的"以销定产"的精准高效营销模式。

"买卖提"农村电子商务服务站通过"一个村庄、一个店长、一台电脑、一台大屏、一根网线、一套系统"的"六个一"标准配置模式，为加盟服务站从线下体验和营销到网上交易提供各类增值服务及物流配送，实现了互联网化、大数据化；为传统商店在原有的基础上扩展商品线、增加销量、增加增值服务、增加收入，实现互利共赢，合作发展。

"买"：提供网上代买农资、日用品、百货，网上代订票，网上代缴水电费、话费等百姓所需服务。

"卖"：帮助农民将本村的一系列的优质的农产品，通过"买卖提"策划加工包装成商品，进行全网营销。

"提"：提升农民的生产生活方式，这是商业模式的根本变革，进一步提升了围绕农村服务网点的外部生态系统的升级。

二、主要做法

杞农云商实施了"互联网＋"特色农产品"买卖提"全链条精准营销服务平台建设项目，项目以大数据分析基础上的精准营销为引领，贯穿产前、产中、产后的全链条农业服务模式。通过基于大数据的线上线下农业综合服务模式创新，形成了与传统农业生产营销方式完全不同的具有导向性和前瞻性的种植模式和营销模式，引领传统农业向信息化、标准化、品牌化的现代农业转变，促进本地特色农产品走向高端发展路线。

（一）促进农业转型，助推绿色发展

"互联网＋"特色农产品"买卖提"全链条精准营销服务模式促进了农业智能升级，通过大数据技术平台，智能化、信息化技术被引入优质特色农产品的生产过程中，实现了农业精准化管理。通过对土壤、肥料等指标的随时监测，配合不同的营养液施加、浇水措施，低成本、高效益地解决了传统蔬菜生产中的土传病害问题，使肥料利用率达 80%，灌溉水利用率达 95%，农药用量降低 60%～70%，产量提高 30% 以上，农产品品质超过国家绿色食品品质标准，每亩大棚至少增收 5000 元，有力地促进了农业转型升级和提质增效。

（二）线上线下融合，产品双向流通

"互联网＋"特色农产品"买卖提"全链条精准营销服务模式上连山东农业大学大数据中心，下连农村社区服务网点，直连农民种植养殖基地，纵连 1 号店、淘宝、京东、顺丰优选、中粮、我买网等 22 家知名电子商务平台。围绕居民生活服务、电子商务和农村创业三大板块，致力于在农村普及和推广电子商务，让电子商务走进农村各家各户，为广大农民提供网络购物、网络订票、网上缴费等一站式解决方案，让广大农民群众享受到电子商务带来的便利。

通过服务站统一采购，优质的产品能卖得物有所值，避免出现低价伤农等问题。通过服务站组织培训，大量闲散人员开网店、微店做分销，增加了就业和收入。把金融、电信、旅游、农业技术、劳务等生活服务"下沉"到农村，提供各项本地化便利服务。2014 年、2015 年通过电商渠道分别销售樱桃、核桃、山楂、杏梅等新泰特色农产品 250 万千克和 310 万千克，实现了电子商务农产品销售的新突破，通过线上线下有机结合，突破了农村网络基础设施、电子商务操作和物流配送等发展瓶颈，实现了"工业品下乡，农产品进城"的双向流通。

（三）产供销一体化，全程跟踪与控制

杞农云商通过建设计算和存储处理兼顾的综合云计算平台，满足了企业管理系统、办公自动化、呼叫中心数据库等重要系统之间的无缝共享。通过 B2B、C2C 两个模式，实现了工农业产品与主流电商平台、仓储物流配送三个关键环节的无缝信息交互，达到产供销一体化管理，实现产品从地头到舌头的全程跟踪与追溯。通过大数据平台，农民可以精准地了解土壤、肥料等指标及种养殖情况，数据平台采集到农户的第一手信息，追溯到产品源头，充分利用精准营销平台，实现快速、经济、便捷式销售以及无障碍运送，推动"菜园子"直通"菜篮子"，通过大数据平台，完善物流信息网络建设，完成全程物流过程跟踪、物流客户关系管理，以及报关、结算、利税等单据处理，提高物流工作的精准性，进一步简化手续。杞农云商依托当地的物流优势，通过代各大平台商发货的方式，建立海陆空立体物流配送网络，组建物流合作联盟。在全国 28 个物流节点城市设立现代化仓储配送中心，仓储总面积达 32 万平方米。直通青岛、临沂、德州、上海，实现了"门对门""点到点"的仓储配送服务。开通了 15 条线路，连接末端物流节点——云商，发挥农产品交易的桥梁作用，依托当地物流在全国的冷链配送体系，有效规避农产品的损耗、时滞和零散卖家生鲜配送的问题，最终创新实现了"合作社—杞农云商—各大电商平台—全国消费者"的完整利益链共赢模式。最后通过将消费者信息反馈至大数据平台，为政府信息化监管提供数据，促进产品质量和市场竞争力的提高。

三、经验效果

山东杞农电子商务有限公司 2014 年被山东省商务厅授予山东省首批电子商务示范企业。"买卖提"电商模式被写进 2015 年泰安市委 1 号文件，明确了"大力推广新泰市'买卖提'等新农村电子商务进村进社区模式"。全国各大媒体包括中央频道都报道过新泰市"买卖提"电商进村模式。

（一）创新支撑现代农业发展体系

"互联网 +"特色农产品"买卖提"全链条精准营销服务模式，首创"货运公交"服务，货物配送像公交车一样每天定点定时定线路发车，每一个"买卖提"农村服务网点都是货运公交的物流节点，真正地解决了"农村最后一公里"的难题。首创"买卖提"金融，享受"买卖提"服务的农民，家庭收支是其农业生产

的担保融资基础。首创"大数据"采集链接系统，这一系统不但指导买和卖、种和养的各个链条环节，还支持加工、仓储和物流的各个环节。

（二）实现了农业生产方式的彻底转变

通过"互联网＋"特色农产品"买卖提"全链条精准营销平台，农业的生产方式由传统生产方式向现代化、无土化、有机化、智能化、无公害、绿色高端生产方式转变，使传统低质低效农业走向了高质高效农业，实现了农业的绿色发展，确保了食品安全。

（三）实现了农产品销售方式的彻底转变

农民由以往主要的单一的就地市场销售，向订单化、信息化、不受季节影响、快捷、方便、效益高的现代互联网大物流销售转变，促进了农业向集约化、现代化发展。

（四）确保了农业持续健康发展

现代化的生产方式和销售渠道，增强了新型职业农民的经济意识和市场意识，在"互联网＋"的指引下，由原先的自己毫无目的生产什么卖什么，到按订单和客户需求精准生产，解决了生产的农产品卖不出去、价格低、丰产不丰收、回报率低甚至赔本的问题，增强了农民从事农业生产的积极性，确保了农业持续稳定健康发展。

（五）具有广阔的市场发展前景

"互联网＋"特色农产品"买卖提"全链条精准营销服务模式，经济效益大，社会效益显著，对提高农民生产水平、生活质量，实现与城市市民拥有同等生活质量有重要作用。

参考文献

[1] 郭升民."互联网＋创新创业"背景下农村电商发展策略浅析 [J]. 南方农业，2020，14（29）：207-208.

[2] 孙月华，杨域. 职业院校学生创新创业能力提升实践研究：以山东畜牧兽医职业学院为例 [J]. 开封文化艺术职业学院学报，2020，40（12）：129-130.

[3] 何玉，牛梦涛，李秋爽. 一款旅游打卡产品创新创业的前景及风险分析 [J]. 就业与保障，2021（1）：72-73.

[4] 刘刚，张泠然，梁晗，等. 互联网创业的信息分享机制研究：一个整合网络众筹与社交数据的双阶段模型 [J]. 管理世界，2021，37（2）：107-125.

[5] 韩江. 乡村振兴视域下新农人电子商务创业成长模式及培育路径研究：以河南省光山县为例 [J]. 理财，2021（2）：51-53.

[6] 刘洪. 创业基地创新发展评价研究 [J]. 内蒙古财经大学学报，2021，19（2）：24-27.

[7] 刘婷婷，汪明峰，张英浩，等. 中国互联网企业生存的时空格局及影响因素研究 [J]. 地理科学进展，2021，40（3）：410-421.

[8] 朱永林. 互联网背景下职业学校创业教育策略探讨 [J]. 就业与保障，2021（6）：92-93.

[9] 甄玲燕."互联网＋"时代的大学生创业模式选择与路径优化 [J]. 科技资讯，2019，17（33）：239.

[10] 王艺澄. 互联网背景下的大学生创业创新机遇与挑战 [J]. 产业与科技论坛，2019，18（23）：94-95.

[11] 余丰慧. 日本错过互联网创业潮的深层次思考 [J]. 财富时代，2020（1）：26.

[12] 勾大有. 应用型本科电子商务"互联网＋"创新创业型人才培养研究 [J]. 数字通信世界，2019（12）：233.

[13] 吴明宇，汪明峰，周巍，等. 明星的空间效应：名企名校与杭州互联网创业的区位选择 [J]. 城市发展研究，2020，27（3）：117-123.

[14] 李加美 . 移动互联视角下大学生创业研究 [J]. 时代农机，2019，46（11）：118-119.

[15] 刘莉，林婷婷，李振宇 . 互联网"微创业"背景下共青团创业指导路径 [J]. 鞍山师范学院学报，2020，22（1）：101-104.

[16] 马继华 . 让员工工作更有尊严更有价值 [J]. 通信企业管理，2020（3）：36.

[17] 唐磊 . 经济政策不确定性与互联网创业绩效关系的实证研究 [J]. 技术与创新管理，2020，41（3）：282-286.

[18] 蒋浩，王余宝 . "互联网 +"视域下大学生创新创业能力培养研究 [J]. 中国石油大学胜利学院学报，2020，34（1）：49-52.

[19] 刘杰 . "互联网 +"背景下电子商务创客空间发展研究 [J]. 信息记录材料，2020，21（3）：62-63.

[20] 穆瑞章 . 创业者文化背景与互联网创业融资绩效：基于众筹数据挖掘的经验研究 [J]. 天津经济，2020（4）：16-25.

[21] 黄佩芸，陈慧敏，姚清华 . 互联网背景下大学生的创业现状、问题及对策探析：以广东第二师范学院为例 [J]. 市场周刊，2020（6）：136-137.

[22] 张胜兵 . 大学生互联网诚信创业影响因素及对策分析 [J]. 湖北成人教育学院学报，2020，26（3）：18-22.

[23] 吴明宇 . 互联网企业风险投资与创业区位研究 [D]. 上海：华东师范大学，2020.

[24] 沈鹏 . 安徽邮政农村电子商务发展策略研究 [D]. 南京：南京邮电大学，2019.

[25] 王丕兴 . 农村电商助推精准脱贫战略研究 [D]. 昆明：云南财经大学，2019.

[26] 姚文 . HTD 公司发展战略研究 [D]. 石家庄：河北科技大学，2019.

[27] 王英翔 . DQ 地区农村电子商务问题研究 [D]. 大庆：东北石油大学，2019.

[28] 王超 . 太谷县农村电子商务发展模式研究 [D]. 晋中：山西农业大学，2019.

[29] 张晗韵 . 电商创业企业天使轮融资评估模型构建及其应用 [D]. 长沙：湖南大学，2019.